U0448210

《史记》选本丛书　主编　丁德科　凌朝栋

史记十传纂评

(汉)司马迁　原著
〔日〕芳本铁三郎　纂评
　　　丁德科　编校

商务印书馆
The Commercial Press
2016年·北京

图书在版编目（CIP）数据

史记十传纂评 /（汉）司马迁原著；（日）芳本铁三郎纂评；丁德科编校. — 北京：商务印书馆，2016
（《史记》选本丛书）
ISBN 978-7-100-12694-6

Ⅰ. ①史… Ⅱ. ①司… ②芳… ③丁… Ⅲ. ①中国历史－古代史－纪传体②《史记》－研究 Ⅳ. ①K204.2

中国版本图书馆CIP数据核字（2016）第262241号

所有权利保留。

未经许可，不得以任何方式使用。

史记十传纂评

（汉）司马迁　原著
〔日〕芳本铁三郎　纂评
丁德科　编校

商 务 印 书 馆 出 版
（北京王府井大街36号　邮政编码100710）
商 务 印 书 馆 发 行
三河市尚艺印装有限公司印刷
ISBN 978-7-100-12694-6

2016年11月第1版　　　开本 640×960　1/16
2016年11月北京第1次印刷　印张 11 3/4

定价：48.00元

陕西省重点扶持学科渭南师范学院中国语言文学学科建设项目
陕西省哲学社会科学研究基地——中国司马迁与史记研究院项目
渭南师范学院特色优势学科建设项目

《史记》选本丛书

顾　问：张大可　张新科
主　编：丁德科　凌朝栋
编委会：（按姓氏笔画排序）
　　　　丁德科　马雅琴　王双喜　王麦巧
　　　　王　昱　王炳社　王晓红　韦爱萍
　　　　李淑芳　张瑞芳　赵前明　党大恩
　　　　党艺峰　党旺旺　凌朝栋　高军强
　　　　梁建邦　韩艳秋　蔡静波

写在"《史记》选本丛书"(第二辑)出版前

2013—2014年出版了8种《史记》选本后,我们再次组织渭南师范学院中国司马迁与史记研究院的同志做进一步搜集整理。前8种为第一辑,再后整理的为第二辑。第二辑将于2016—2017年出版。

随着对一个个选本的了解、研究和整理,我们越来越强烈地感受到,古今中外对《史记》多有注疏、解读和编选,尤其是一些著名学者、历史学家、文学家的《史记》选文,透视出具有较强的文学审美功能和思想文化意义,彰显了《史记》作为重要文化典籍的社会影响力。

正是这种广泛而深远的社会影响力的感召,司马迁故里的渭南师范学院的专家学者,长期以来,一直致力于《史记》研究。研究团队以过去的司马迁与史记研究所、现在的中国司马迁与史记研究院为平台,出版学术论文、专著,促进了学术研究,为区域经济、社会发展建言献策,备受好评。关于《史记》选本的搜集整理,形成了"《史记》选本丛书"系列。如前所述,第一辑8册丛书已于2013—2014年由商务印书馆陆续出版。从出版后的反响看,所整理的《史记》选本,影响较大、学术价值高,发挥了良好的阅读、研究和参考价值。在丛书的整理过程中,以忠实原作、方便读者阅读为主要原则,考虑到当代读者的阅读习惯与需要,改竖排版为横排版,改繁体字为简化字。在点校整理时,还对各《史记》选本所折射的思想文化精神进行研究提炼,在书首简介中做扼要陈述,以便广大读者阅读掌握。丛书集研究与普及作用于一体的做法,使得丛书选本既可作为《史记》初学者的入门之书,又可作为《史记》研究者的参考之书,还是一般古典文化爱好者的优选读本。

II　史记十传纂评

　　第一辑丛书第一次印本，已告售罄，其中《史记七篇读法》、《史记选》、《史记精华》等均进行多次印刷。《史记选》被广州市教育局列入广州市中小学校园经典阅读推荐书目。著名历史学家、思想史家张岂之先生为丛书第一辑作序。南京大学文学院博士生导师徐有富教授撰文《别开生面的〈史记〉文献整理工作》，给予该套丛书很高的评价，认为"别开生面，颇能拓宽与深化《史记》文献整理与研究的领域"，徐有富教授的重要观点被《高等文科学报文摘》转摘；曹强、张瑞芳、雷炳锋、师帅、张虹等学者先后在《博览群书》、《渭南师范学院学报》"司马迁与《史记》研究"栏目（教育部名栏建设工程项目）等发表评论文章，认为该套丛书为推动《史记》的研究和普及工作做出积极贡献。陕西师范大学张新科教授承担的国家社科基金重大招标项目"中外《史记》文学研究资料整理与研究"（13&ZD111）也吸纳了中国司马迁与史记研究院学者的研究成果。

　　正因为前期整理的"《史记》选本丛书"引起学界广泛的关注，司马迁与《史记》研究学术界对《史记》选本有更多的期待，所以，我们渭南师范学院及中国司马迁与史记研究院精心推出选本第二辑（共14册）。这次推出的有唐、宋、明、清及民国时期的选本，均为中国古代代表性的选本，如《史记治要》、《文章正宗》、《古文翼》、《史记综芬》等。同时，也包括美国、日本、韩国和我国台湾地区《史记》精品选本，如日本《史记十传纂评》、美国《史记选评》（Records of the Grand Historian）、韩国《史记英选》等。相信这些《史记》选本的出版，能为司马迁与《史记》研究的普及发挥作用，为读者呈现一幅更为悠远广阔的《史记》文化传播的风景。

　　对《史记》选本的搜集、整理工作，我们还将继续。欢迎读者指出我们的遗误错谬，并提出宝贵意见和建议，我们将更加认真、努力、严谨地作好后续工作。

丁德科

凌朝栋

2016年8月31日

于渭南师范学院中国司马迁与史记研究院

"《史记》选本丛书"序言

张岂之

西汉史学家、文学家、思想家司马迁（前145或前135—前87？）所撰纪传体作品《史记》被誉为"史家之绝唱，无韵之离骚"，揭示了《史记》的历史学和文学价值，实际上，《史记》也具有重要的思想文化价值。多元性是《史记》这部经典文献的根本属性，这促使人们可以从多个角度对《史记》及《史记》学史展开广泛而深入的研究。

中国史记研究会和陕西省司马迁研究会等研究团体及学人对《史记》进行了多方面的研究，成果丰硕；《史记》及其传播影响，也引起海外学者的重视，产生了一系列的作品。这些都是中华文明传承和弘扬中可喜可贺的现象。

在历史上，《史记》产生后，历朝历代对《史记》多有注疏、索隐、编选的工作，这些工作进一步增进了《史记》作为文化典籍的影响力。特别是《史记》选文，虽然大多从文学作品角度着手，但因为选本背后隐藏着一定的历史、文学、审美及思想文化观念，某种意义上选本不仅具有文学审美的功能，也具有思想文化的功能，更可以作为把握选文者思想观念的史料之一。《史记》及《史记》选本在历史编纂学、散文史以及思想文化史上都占有重要的地位。

司马迁故里云集着一批从事《史记》及《史记》学研究的学者和研究团队。渭南师范学院《史记》研究团队就承担着国家社科基金研究项目，成员多年来一直从事《史记》选本的调研与整理工作，并在此基础上尝试探讨《史记》一百三十篇中被广泛认可的文学精华、编选原则与学术价值。

近年来，《史记》选本有的已被整理，如南宋吕祖谦撰《史记详节》（完颜绍元整理，上海古籍出版社2007年版）、清人姚苎田编选《史记菁华录》（王兴康整理，上海古籍出版社2007年版），但还有相当一部分没有被整理，也不方便读者检索阅览。

渭南师范学院《史记》研究者们尝试编选"《史记》选本丛书"，用以弥补这个不足，努力为《史记》研究做些扎实细致的基础工作。他们近多年兢兢业业，四处奔波，搜集和校点整理《史记》选本文献，为推动《史记》研究的深化和细化作出了贡献。

这套"《史记》选本丛书"主要包括：明代凌稚隆《史记纂》（马雅琴教授整理）、茅坤《史记抄》（王晓红副教授整理），清代王又朴《史记七篇读法》（凌朝栋教授整理）、汤谐《史记半解》（韦爱萍教授整理）、储欣《史记选》（凌朝栋教授整理），民国时期王有宗《分段详注评点史记菁华录》（高军强讲师与凌朝栋教授整理）、中华书局1933年版《史记精华》（王麦巧副教授整理）、周宇澄《广注史记精华》（梁建邦教授、张晶讲师整理）。

凌稚隆《史记纂》，编刻于明万历年间。全书分为二十四卷，从《史记》中选文一百零二篇，附《报任少卿书》一篇。此书最大的特色是：采用节选加评点的形式，掇取《史记》精华；所选篇章节奏鲜明，条理清晰，内容集中，首尾照应，与天头批注、正文批点的形式相辅相成；编选者学习、研究《史记》，知人论世，折射出不凡的见解；全书兼容并包，博览众采，资料丰富。整理底本为凌稚隆《史记纂》二十四卷，明万历己卯本。

茅坤《史记抄》共九十二卷，明万历三年自刻。编选者从《史记》中选文九十八篇进行评点。此书最大的特点是：每篇作品皆施圈点和批评；用心独到，评论扼要，且多发明。编选者的评论，代表了明代学者评价《史记》的总倾向，诸如赞赏、推崇《史记》文章的审美价值，高度评价《史记》写人的艺术价值，肯定《史记》以风神取胜的艺术风格等。整理底本为茅坤《史记抄》九十一卷，明万历乙亥本，参校北图《史记抄》九十一卷、首一卷，《四库存目丛书》影印明万历三年自刻本。

王又朴《史记七篇读法》共二卷，从《史记》中选录《项羽本纪》、《外戚世家》、《萧相国世家》、《曹相国世家》、《淮阴侯列传》、《李将军列传》、《魏其武安候列传》等七篇。此书最大的特色在于：编选者既有对阅读方法的提示，又有对所选篇目艺术风格的鉴赏；提出了"一气读"、"分段细读"的阅读技巧；深入分析了司马迁写人的高超技艺及所蕴含的深刻用意。整理底本为王又朴选评《史记读法》（又名《史记七篇读法》）诗礼堂藏版，1754年刊本，清华大学图书馆藏书。

汤谐《史记半解》，对《史记》中的六十八篇文章进行了注解。编选者深谙太史公用意，主要从叙事、人物形象刻画、细节、段落、语言等方面探讨《史记》文法笔力，为后人做了很好的导读；评析言论精辟老到，妙趣横生，引人深思，注重文脉，语言简洁明了，充满诗情画意，给读者留下深刻的印象。整理底本为汤谐《史记半解》（不分卷），清康熙慎余堂1713年刻本。

储欣《史记选》，从《史记》中选录作品五十五篇。此选本最大的特色是：所选篇目以记载秦以后历史人物为主；重视选取《史记》中的书表；编选者对于精彩部分用不同的符号加以圈点，并有大量的精彩评点。用语长短不一，恰到好处，或指出词句作用，或评点章法布局，或揭示史公深意，或探讨前后关联等；所选篇章末多有评语，盛赞史公文章精彩处，与文中评语形成照应。整理底本为储欣《史记选》六卷，乾隆癸巳（1773）同文堂梓行刻本，每页十行，每行十五字，有原版书。

王有宗《分段详注评点史记菁华录》，完成于 1924 年。此版本优胜之处在于：大部分选文前均加"解题"部分，有助于读者对正文的理解；对所选篇章进行分段，便于读者较清楚地了解选文的层次；通过注释，疏通了文字注音、词义等障碍，以方便阅读。整理底本为王有宗《分段详注评点史记菁华录》六册，浙江达文印书馆 1924 版，有原书。

《史记精华》是中华书局 1914 年辑校的《史记》选本。全书共选录《史记》九十九篇。这些篇目的取舍原则为历史性、思想性、文学性。此书收录了多家评点，侧重对人物、历史事件、文章艺术手法、思想倾向等进行详尽的评论和说明；对同一人物、历史事件的点评，则以文采、语言、思想为主要内容，尽可能为读者提供精华性的评语。中华书局《史记精华》，1914 年第一版，本次整理依据 1937 年版，西北大学图书馆藏书影印版，参校 1933 年版。

周宇澄《广注史记精华》，是民国时期出版的《史记》读本中重要的一部。全书共选录《史记》本纪、表、世家、列传中三十二篇文章，分为三十四个题目。此选本最大的特点是：选取《史记》中文学色彩浓烈、偏重于人物、事件和描写精彩的篇章；对所选文章进行"划分段落，将难字注以音义，其有典故疑义者，一律注释，使读者一目了然"；注释详尽，有很强的可读性；编选者根据自己的理解进行了明晰的段落划分和断句，体现了编选者对《史记》的理解和思想观点。整理底本选用周宇澄《广注史记精华》，世界书局 1943 年版。

这些选本，均是影响较大、流传较广的《史记》选本，内容丰富，各具特色，具有较高的学术研究和参考价值。

在整理过程中，整理者尽可能搜集多种版本，认真选择工作底本，并主要参考中华书局 1982 年版点校本《史记》进行整理，包括段落划分与标点，文字出入较大者则予以注释。忠实原作、方便当代读者阅读是整理者坚持的主要原则，比如改竖排版为横排版，繁体字为简化字，便考虑到读者的阅读习惯与需要。选本评点中的总评、评注、行批、夹批等，则尽量标注在原作相应的位置，以尽可能反映底本的原貌。底本中明显的错字，则采用加"按"的形式标明。难能可贵的是，整理者在点校整理的同时，还对《史记》选本所折射的思想文化精神进行了研读，并在简介中作了扼要论述。

当然，古籍的点校整理是一项科学严谨、费时费力的工作，而且往往难以避免讹误乖错，在这方面，欢迎读者朋友在阅读中对该丛书的版本甄别以及具体点校整理工作，提出积极的合理化建议，以不断推陈出新，力臻完善。

该研究团队原本设想还要进一步选编和整理日本、韩国、美国等学者的《史记》选本，我们愿意乐观其成。希望"《史记》选本丛书"的编校整理工作为进一步系统研究司马迁的思想学术、《史记》及《史记》学作出积极贡献，为推介和弘扬中华优秀传统文化增砖添瓦。

是为序。

2013 年 3 月
于西北大学中国思想文化研究所

《史记十传纂评》整理前言

我们渭南朋友感言："咱秦东大地，是华夏起源，出司马迁史圣自然而然。"类似的话常听，我们自豪感渐盛，我的同志们与司马迁《史记》有不解之缘，觉得能做点事情是荣幸、是铁肩担道义，无比快乐！

司马迁《史记》一百三十篇，五十二万六千五百字。通读实属不易，因而自汉以来，也包括外国不少学者，选择若干篇目编纂评点，推荐阅读。根据文献记载，早在西晋时就有人编选了《史记钞》，可惜该书没有流传于世，其编选者葛洪，就是中国科学家屠呦呦获得诺贝尔奖感言中感谢的我国古代学者。其后编选与评点《史记》的选本代有其人，明清直到近晚以来数量颇多，以至于根据选者本人主张和想法，编选《史记》选本，并加以评点注释，成为《史记》阅读与传播的重要方式。这种文化现象，不只在中国较为普遍，而且随着《史记》传往世界，在国外也有。《史记》在隋唐时期东传扶桑，对日本的政治、历史、教育、文化产生了深远的影响。日本最初的史学兼文学著作《古事记》就是仿照《史记》撰写而成的。日本学者也学习中国学者的做法，在通读《史记》的基础上，推荐出自己心目中较为精彩的《史记》篇章，采摘中日前人及自己的评点成果，形成带有眉批与旁批、夹注的《史记》选本。日本学者芳本铁三郎将前人编选的《史记十传》添加诸多评点，形成了《史记十传纂评》，颇具有代表性。

从《史记十传纂评》的三种序文来看，森田节斋、南摩纲纪、薇山西毅一、芳本铁三郎分别为三代甚至四代前后相承的雅好《史记》的师生关系。据东京大学教授南摩纲纪1885年序中所言，《史记十传》为其师森田节斋所讲授的《史记》选本,后来"前人大邑(岛)胜海,将刻《十传纂评》公世。问序余"。因此,第一篇序是直接写给出版商大邑(岛)胜海的。

第二篇序则是薇山西毅一写给芳本铁三郎的。该书所选篇目:"芳本生亦好读《史记》,尚誊写项羽、外戚、管晏、廉蔺、荆轲、淮阴侯、魏其武安侯、李将军、游侠、滑稽十传正本。来曰:'《评林》繁杂,易迷多岐。吴齐贤《论文》、李晚芳《管见》,颇似得文理。而《论文》卷帙浩瀚,《管见》多节录。往时节斋森田翁好说史记文法,得其要。先生从节斋翁学文法,请听其说。'"由此可知,南摩纲纪与薇山西毅一,应该同为森田节斋的学生,都爱好《史记》,而芳本铁三郎则是南摩纲纪与薇山西毅一的学生。

第三篇序是芳本铁三郎应大邑(岛)胜海之邀请为即将出版的《史记十传纂评》而写的。"因誊写森田节斋所谓十传者,而谙诵之久,自觉胸中有十传矣。于是乎,读吴齐贤《论文》、李晚芳《管见》及节斋所著序赞蠡测。又听我薇山西先生之讲说,豁然有所大悟,乃录名家评语,名曰:史记十传纂评。"

《史记十传纂评》主要有以下几方面的特点:一是选篇经过长期反复筛选,其时长达三十年,也为几代学人所认同。如果与稍晚的我国梁启超先生所提出的《史记》十大名篇项羽本纪、信陵君列传、廉颇蔺相如列传、鲁仲连邹阳列传、淮阴侯列传、魏其武安侯列传、李将军列传、匈奴列传、货殖列传、太史公自序相比较,有五篇是相同的:项羽、廉颇、淮阴侯、魏其武安、李将军。其先师森田节斋选篇讲授,学生南摩纲纪、薇山西毅一的前后继承,出版商大邑(岛)胜海的积极刊刻出版,才使这本书籍得以流传于世。二是选篇是经历了多年课堂讲授而积累起来的,评点也是阅读兴致与课堂讲解激情发挥的结果。主要"论其章法、句法、字法、照应起伏、抑扬顿挫者"。

三是评点形式采取随文旁批、眉批、总评等。旁批主要是针对某句甚至几句的内容而言，眉批稍显段落内容及行文风格，总评则是对整体选录篇章的评点。内容来源力求避免《史记评林》芜杂，主要是四位中日学者的学术成果观点：清代吴见思的《史记论文》、李晚芳的《读史管见》和日本薇山西毅一、森田节斋。当然也包括芳本铁三郎的观点在内。

我们这次整理以和刻本冈山弘文北舍藏版为依据，尽量保持原书风貌，同时便于读者阅读，用中华书局版 2013 年修订本为校本进行了段落及文字校正工作，不出独立校勘记录，从而使文章稍显省净。相信本书与其他中外《史记》选本丛书的相继出版，能够让读者看到《史记》在日本流行现象之一，亦可见，《史记》学术研究在国际视域下的一抹靓丽景色。

整理过程中欠妥之处，还望读者批评指正。

丁德科
2015 年 12 月 23 日

评点凡例

　　凡精华则为〇。例如：<u>略知其意，又不肯竟学</u>（〇）。（〇）表示底划线使用的是小圆圈。

　　凡文采则为实心顿号。例如：<u>众乃皆服</u>（、）。（、）表示底划线部分使用的是实心顿号。

　　凡眼目照应则为◎。例如：<u>西</u>（◎）。（◎）表示底划线使用的是双圆圈。

　　凡文中分段（小段）处则为丨。

序

余壮岁求师友，周游海内，遇森田节斋于备后藤江。节斋曰："当今学者，经史百家至书画，皆不及清国。唯文章一事，则有超而无不及矣。"回论文法数日，每引《史记十传》为证，遂为余讲之。有卓（桌）无书，被褐宽服，闭目端坐，音吐朗朗，雄辩如悬河。毫分缕析，一字不遗；至会心处，则口生沫。膝进席，大声惊四邻。使听者魂骇心醉，回顾已三十年，声尚在耳，而节斋墓木已拱，余心颓然老矣。顷备前人大嵒（岛）胜海，将刻《十传纂评》公世。问序余，余观之，古人论其章法、句法、字法、照应起伏、抑扬顿挫者，悉揭不遗，犹闻节斋之讲说。于是乎，戚戚焉不胜怀旧之情也。呜呼！读此编者，亦毫分缕析，暗记背诵，如节斋之命心，则必有所得于文章。而识其所以超清国矣，不信余言，请起节斋于九原而问之。

明治十八年（1885）一月
东京大学教授南摩纲纪识

史记十传纂评序

　　余好史公之文，甚于食色矣。读之不知其几百千回也。疾风猛雨，天色惨淡，雷霆霹雳，可愕之夜，把而读之；嘉时清节，百花斑斓，可喜之晨，又把而读之。明窗净几读之，暗灯影里读之。无聊则读，愉快则读。其读之也，或发喑哑叱咤之声，或为疾痛悲哀，恸哭之音。忽而笑，忽而泣。奋然而起，肃然而坐。喜而乐，怒而骂。咳唾为进，头发上指，拍案而呼快，忘寝与食。家人以为狂，而不顾也。读之愈深，愈知佳境妙味之所在。至会心自得之处，则不觉圈焉、点焉、批焉、评焉。而不知史公之文，自有天真之美在，而不须妆饰也。甚矣，余之耽于史公之文也。芳本生亦好读《史记》，尝誊写项羽、外戚、管晏、廉蔺、荆轲、淮阴侯、魏其武安、李将军、游侠、滑稽十传正本。来曰："评林繁杂，易迷多岐（歧）。吴齐贤《论文》、李晚芳《管见》，颇似得文理。而《论文》卷帙浩瀚，《管见》多节录。闻往时节斋森田翁好说《史记》文法，得其要。先生从节斋翁学文，请听其说。"余曰："余之从先师日浅矣，不得听其详也。然余于史公之文，聊有所自得焉，不袭齐贤之论，不因晚芳之见，又不从先师之说，以余之所自得，而评论讲说焉。可也耶？"生曰："固所愿也，乃开讲于原泉学舍焉。其发喑哑叱咤、雷霆霹雳可愕之声者，讲项羽、淮阴传也；其使听者，为嘉时清节、百花斑斓、可喜之想者，说外戚美人传也；如疾风猛雨、天色惨淡、头发上指，则讲荆轲应燕丹之命。李将军自杀，军士大夫皆泣；相如奉璧入秦，廉颇客死、李牧谗死之处也。肃然使人起，则管仲、晏子之功业也；使人怒且喜，则武安之佞、魏其之直、灌夫之勇也。讲游侠传，则骂人懦；说滑稽传，则解人颐。余讲而泣，则听者亦泣；余说而笑，则听者亦笑。怒则怒，喜则喜。听者之泣笑喜怒，则余之泣笑喜怒也；余之泣笑喜怒，则史公之泣笑喜怒。即发为文，能动人也。"讲了，余告生曰："史公之文，上下千古。三代之礼乐，刘、项之战争，以至律历天官，文词事业。大凡天地间之事，无所不有焉。其十二本纪、十表、八书、三十世家、七十列传，百三十篇，五十二万六千五百字文。余一言以评之曰：真。夫史公文，放之，则弥六合，卷之，则唯一真。是故拔而为十传讲之，唯真。合而为百三十篇说之，亦唯真。唯真可以评史公之文矣。顷者生纂齐贤、晚芳、节斋及余评语，名曰：《史记十传纂评》，将公于世，请序于余。"

余批而阅之，评有巧拙，语有优劣，余浅陋固不及古人与先师也。然余所讲而怒，则齐贤、晚芳、先师皆怒焉；余所评而喜，则齐贤、晚芳、先师皆喜焉。所笑则皆笑；所泣则皆泣。以人之性情无古今、无彼我、无男女皆同也。而益信史公之文。善善恶恶，是是非非，能得人性情之真焉。因许巧拙并存，以示同好云。是为序。

明治十七年（1884）六月

薇山西　毅一撰

自序

如山鸣谷响，如水涌浪立，如百万兵马塞原野。剑光旗色满天，勇士叱焉，美人怨焉。隐显出没，奇幻变化，使读者不觉拍案绝呼者，岂不史公之文乎？日月星辰，山川草木，鸟兽虫鱼，大凡宇宙间，可观可听、可骇可喜者，亿万万矣，史公之文莫不记焉，可谓奇矣。余自幼知读《史记》，窃谓博涉不如精读，精读不如谙诵。因誊写森田节斋所谓十传者，而谙诵之，谙诵之久，自觉胸中有十传矣。于是乎，读吴齐贤《论文》、李晚芳《管见》及节斋所著序赞蠡测。又听我薇山西先生之讲说，豁然有所大悟，乃录名家评语，名曰《史记十传纂评》。爱玩焉，书肆大岛胜海闻之，欲上梓以便于作文。恳请不止，余不顾浅陋，遂许焉。时方闲谷开黉之前，多事草卒，未暇校阅，携稿本来于山黉。黉在幽邃闲雅之境，仰观千山万岳，俯听泉音虫声，兀坐开稿本阅之。阅之神疲，则吟诵而行。闲谷山中称奇绝处，无不至焉。然有听虫声而不得听泉音者；有观山容而不得观水态者。常以为憾焉。登黉后最高之山，四方之风色，悉入眼眸。千山万岳，起伏之形；朝云暮烟，吞吐之状。泉音鸟语，竹树林麓，怪岩奇石之妙，无不观焉，无不听焉。稿亦偶脱焉，因叹曰：一部《史记》，呼奇称快处，固多矣。而奇于彼者，不妙于此；妙于此者，不奇于彼。唯其十传者，《史记》中黉后最高之山。而莫不彼此奇且妙矣；果然则游闲谷者，不可不先登黉后最高之山；而读《史记》者，不可不先读十传也。既登黉后之山，而无云烟吞吐之状、虫声鸟语之趣焉，复何奇之有？诸家之评，则云烟之吞吐也，山岳之起伏也，虫声也，鸟语也。竹树林麓，怪岩奇石，点缀位置，各得其妙者也。是所以纂评之不可正欤！

明治十七年（1884）十一月下浣于闲谷黉石泉响处

芳本铁三郎识

凡例

一、古今评《史记》者，为不少矣。而明释其文理者，莫如吴齐贤、李晚芳二氏。然二子皆汉人。于本邦人，盖森田节翁一人而已。余得其所谓十传评本者读之。传写多误，序赞蠡测之外，莫可观者。余师薇山先生学文于节翁，亦常好说《史记》文法。独得之见，亦多矣。因请先生，听其十传讲说，并录齐贤、晚芳之评语，及节翁蠡测，以为作文之助焉。素莫意公于世，书肆请上梓，不已，遂许焉。不敢示大方，聊供青年如余辈者作文之一助而已。若夫节翁评语，他日待先辈之校阅，而又有所增补矣。

二、各家评语极多，尽难载，故其意全相同者，除之。且齐贤、晚芳有，解字句处。此书素为作文，故亦除之。间存者，以关文理也。

三、大凡妙境佳处，则各家皆评之，故尽不能录于其本所，故冠评语之头，以本文之数字，以便搜索。

四、余聊得解《史记》文法者，以听师说也。故圈点段落，皆从师说。

五、十传之外，系节翁撰拔者，有《伯夷》、《孟荀》二传。《自序》及与《任安书》二传是传之变体。二书是史公著作之本旨，余将他日为十传附录，以示读者。

明治十七年（1884）十一月念六夜

芳本铁三郎　志

目 录

史记十传纂评卷之一 1
史记十传纂评卷之二 35
史记十传纂评卷之三 47
史记十传纂评卷之四 55
史记十传纂评卷之五 71
史记十传纂评卷之六 85
史记十传纂评卷之七 109
史记十传纂评卷之八 127
史记十传纂评卷之九 139
史记十传纂评卷之十 149
书《史记十传纂评》后 157

史记十传纂评卷之一

项羽

　　项籍者，下相人也，字羽。初起时，年二十四（○）。【眉批】西薇山云：咸阳三月不绝之火，为此一戮。佛说因果应报之理。文法起伏之妙。下屠杀阬烹等字，亦自此一戮字生。｜其季父项梁，梁父即楚将项燕，为秦将王翦所戮者也。｜项氏世世为楚将，吴云：项籍、项梁并提，以下互序。李云：可见秦项世仇。封于项，故姓项氏。｜吴云：立义帝之按。

　　【眉批】薇山云：一怒一喜，写出二英雄。而书剑皆不成，兵书亦不肯竟学之英雄，心事磊落，不可测也。项籍少时，学书不成，去学剑，又不成（○）。吴云：双项，项籍、项梁，此下单承项籍。项梁怒之。（○）李云：便尔异人。籍曰："书足以记名姓而已。剑一人敌，不足学，学万人敌。"（○）【眉批】李晚芳云：可卜其他年事业，凌盖一世。李云：英气。于是项梁乃教籍兵法，籍大喜（○），李云：英雄本色。【眉批】薇山云：下笑泣等字，自此喜怒字生。叙事中字眼。略知其意，又不肯竟学（○）。｜吴云：顿住。项梁尝有栎阳逮，吴云：以下单序项梁。乃请蕲狱掾曹咎书。吴云：伏。抵栎阳狱掾司马欣，吴云：伏。以故事得已。｜项梁杀人，与籍避仇于吴中。｜吴中贤士大夫皆出项梁下。每吴中有大繇役及丧，项梁常为主办，阴以兵法部勒宾客及子弟，以是知其能。【眉批】吴齐贤云：吴中贤士大夫、吴中子弟，是举事之资也。秦始皇帝游会稽，渡浙江，梁与籍俱观。吴云：以下又单序项籍。籍曰："彼可取而代也。"（○）【眉批】薇山云：曰"学万人敌"，曰"彼可取而代也"。叙其言之非常。曰"二十四"，曰"长八尺余"，写其容貌风采之非常。吴云：以上极写项籍处，语虽不多，而神采焕发。梁掩其口，曰："毋妄言，族矣！"梁以此奇籍。李云：结。籍长八尺余，力能扛鼎，才气过人，虽吴中子弟皆已惮籍矣。｜（○）【眉批】吴云：忽于此序出籍之才力。亦从"奇籍"二字带下。

秦二世元年七月，陈涉等起大泽中。吴云：以下入事，梁与籍合序。其九月，会稽守通谓梁曰："江西皆反，此亦(、)天亡(○)【眉批】薇山云："天亡"二字，隐隐伏"天亡我，非战之罪"。吴云：又折出一事。秦之时也。吾闻先即制人，后则为人所制。吾欲发兵，使公及桓楚将。"(、)是时桓楚亡在泽中。李云：横插此句紧捷。梁曰："桓楚亡，人莫知其处，独籍知之耳。"｜梁乃出，诫籍持剑居外待。梁复入，与守坐，曰："请召籍，使受命召桓楚。"守曰："诺。"梁召籍入。【眉批】薇山云：出入起坐昼夜等字，写得微细，叙事文此等字，可著眼。【眉批】吴云：序事曲折详尽。须臾，梁眴(晌)籍曰："可行矣！"于是籍遂拔剑斩守头。项梁持守头，佩其印绶。门下大惊，扰乱，籍所击杀数十百人。一府中皆慑伏，莫敢起(○)。【眉批】李云：写羽杀守，奔雷掣电。【眉批】吴云："皆慑伏"足矣，又加"莫敢起"三字。一时慑伏，神情乃见。梁乃召故所知豪吏，谕以所为起大事，遂举吴中兵。吴云：所知豪吏及吴中豪杰、吴中兵，应吴中贤士、大夫、吴中子弟。使人收下县，得精兵八千人(、)。【眉批】薇山云：叙群雄蜂起，陈涉等起大泽中是虚写，梁、籍起吴中是实写，谓之虚实叙事法。【眉批】李云：吴中子弟八千人始此。｜梁部署吴中豪杰为校尉、侯、司马。李云：忽夹一琐事。有一人不得用，自言于梁。梁曰："前时某丧，使公主某事，不能办，以此不任用公。"众乃皆服(、)。吴云：应部勒知其能。【眉批】薇山云：英雄不遗细事，近世奈翁亦然。【眉批】吴云：皆慑伏、皆已惮籍、众乃皆服，照应成文。于是吴云：接法。梁为会稽守，籍为裨将，狗(徇)下县。

广陵人召平吴云：忽分出一头是召平狗(徇)广陵。于是为陈王狗(徇)广陵，【眉批】李云：召平大有权变。未能下。闻陈王败走，秦兵又且至，乃渡江矫陈王命，拜梁为楚王上柱国。吴云：召平与项梁合。曰："江东已定，急引兵西击秦。"项梁乃以八千人渡江而西(◎)。｜【眉批】吴云：自此一路往西击秦，篇中"东、西"二字是眼目。闻陈婴已下东阳，吴云：又分出一头是陈婴下东阳。【眉批】薇山云：突起叙陈婴，忽离忽合，离合之法可悟。使使与连和俱西（◎）。｜陈婴者，故东阳令吏，居县中，素信谨，称为长者。东阳少年杀其令，相聚数千人，欲置长，无适用，乃请陈婴。婴谢不能，遂强立婴为长，县中从者得二万人。少年欲立婴便为王，【眉批】吴云：便字妙。为王如此之易，极写一时草草。异军苍头特起。陈婴母谓婴曰："自我为汝家妇，未尝闻汝先古之有贵者。今暴得大名，不祥。不如有所属，事成犹得封侯，事败易以亡，非世所指名也。"、【眉批】薇山云：英雄传中，忽而叙信谨长者之事，忽而叙慈母贤妇之言，谓之文之奇姿。【眉批】薇山云：以婴之言合本传，不见离合之痕。婴乃不敢为王。谓其军吏曰："项氏世世将家，有名于楚。今欲举大事，将非其人，不可。我倚名族，亡秦必矣。"、吴云：陈婴与项梁合。【眉批】薇山云：籍曰"彼可取而代也"、会稽守曰"天亡秦"、婴曰"亡秦必矣"、南公曰"亡秦必楚"，迫出亡秦一段。于是众从其言，以兵属项梁。项梁渡淮，黥布、蒲将军亦以兵属焉。【眉批】吴云：黥布、蒲将军事省。凡六七万人，【眉批】薇山云：以八千人起吴中，以二万人属之，以六七万人属之。文势兵势，犹潮升泉涌。军下邳。｜当是时，秦嘉已立景驹为楚王，吴云：又分出一头是秦嘉立景驹。军彭城东，欲距项梁。项梁谓军吏曰："陈王先首事，战不利，未闻所在。今秦嘉倍陈王而立景驹，逆无道。"乃进兵击秦嘉。秦嘉军败走，追之至胡陵。吴云：秦嘉与项梁事合。嘉还战一日，嘉死，军降。景驹走死梁地。【眉批】薇山云："可行矣"一语，会稽守头忽飞；"逆无道"一语，秦嘉军忽败，景驹王忽死，意气亦壮哉！纸上尚有声。｜项梁已并秦嘉军，吴云：直接。军胡陵，将引军而西。（◎）章邯军至栗，项梁使别将朱鸡石、馀樊君与战。馀樊君死。朱鸡石军败，亡走胡陵。吴云：项梁军胡陵也。项梁乃引兵入薛，诛鸡石。项梁前使项羽别攻襄城，襄城坚守不下。已拔，皆阬之。【眉批】薇山云：所击杀数十百人，已拔皆坑杀之，迫出咸阳一炬之惨。

还报项梁。【眉批】吴云：上两节，项梁项羽分序。│项梁闻陈王定死，吴云：应上闻陈王败，未闻所在，遥接。召诸别将会薛计事。此时沛公亦起沛往焉。（○）吴云：沛公项羽合。【眉批】吴云：沛公乘便一句即插入。【眉批】薇山云：陈涉之起、梁籍之起、沛公之起，皆同一群雄蜂起，而沛公之起用一"焉"字，其重千金不啻。│居鄹人范增，吴云：又分出一头是范增好奇计。年七十，素居家，好奇计，往说项梁曰："陈胜败固当。（○）夫秦灭六国，楚最无罪。自怀王入秦不反，楚人怜之至今，（、）李云：倒句法。故楚南公曰'楚虽三户，亡秦必楚'也。今陈胜首事，不立楚后而自立，其势不长。（、）薇山云：伏自立为西楚霸王。今君起江东，楚蜂起之将皆争附君者，以君世世楚将，为能复立楚之后也。"（、）【眉批】薇山云：二十四岁至少年起、七十岁之老翁亦起、送徒之亭长起、满天下之人起，而亡金城万里之秦。于是项梁然其言，吴云：范增与项梁合。乃求怀王孙心民间，为人牧羊，立以为楚怀王，吴云：以见非项氏本意。【眉批】吴云：孙冒祖号，生袭死谥。写一时草草可笑。【眉批】李云：史公序羽立义帝后，日盛一日；弑义帝后，日衰一日，于是大有关系。从民所望也。│陈婴为楚上柱国，封五县，与怀王都盱台。

项梁自号为武信君。薇山云：伏自立。│居数月，引兵攻亢父，与齐田荣、司马龙且军救东阿，吴云：又分出一头是田荣起齐，其前事不序。大破秦军于东阿。田荣即引兵归，逐其王假。假亡走楚。假相田角亡走赵。角弟田间故齐将，居赵不敢归。【眉批】吴云：带序齐事。田荣立田儋子市为齐王。│项梁已破东阿下军，吴云：间接。遂追秦军。数使使趣齐兵，欲与俱西（◎）。吴云：田荣与项梁合。田荣曰："楚杀田假，赵杀田角、田间，乃发兵。"项梁曰："田假为与国之王，穷来从我，不忍杀之。"赵亦不杀田角、田间以市于齐。齐遂不肯发兵助楚。│项梁使沛公及项羽别攻城阳，吴云：沛公、项羽合。屠之。西（◎）破秦军濮阳东，秦兵收入濮阳。│沛公、项羽乃攻定陶。【眉批】薇山云：沛公项羽、沛公项羽，大合，下伏大离为楚汉之战。定陶未下，去，西（◎）略地至雝丘，大破秦军，斩李由。还攻外黄，外黄未下。项梁起东阿，吴云：间接东阿事。西北至定陶，再破秦军，项羽等又斩李由，益轻秦，有骄色。【眉批】吴云：又别序项羽，时项羽尚在外黄未去。【眉批】吴云：此下单序项梁。宋义乃谏项梁曰："战胜而将骄卒惰者败。今卒少惰矣，秦兵日益，臣为君畏之。"（、）吴云：又点一句，是项梁心上事。【眉批】吴云：本言将骄，讳而言卒，辞令之妙。【眉批】薇山云：卒少惰，暗指羽，羽斩之原于此。项梁弗听。乃使宋义使于齐【眉批】吴云：又忽插一宋义，笔墨便捷。道遇齐使者高陵君显，吴云：又插一高陵君，遥遥伏脉。曰："公将见武信君乎？"曰："然。"曰："臣论武信君军必败。公徐行则免死，疾行则及祸。"（、）【眉批】薇山云：以宋义之论，收项梁。下将入项籍本传。上下枢纽之处。秦果悉起兵益章邯，吴云：应兵日益。击楚军，大破之定陶，项梁死。【眉批】吴云：完项梁事。前以项梁作主，项羽附序、分序。此后乃主项羽。沛公、项羽去外黄。攻陈留，陈留坚守不能下。吴云：间接向攻外黄，不在定陶也。沛公、项羽相与谋曰："今项梁军破，士卒恐。"乃与吕臣军俱引兵而东。吕臣军彭城东，项羽军彭城西，沛公军砀。吴云：顿住。【眉批】吴云：一路向西，引而东，暂也以兵败而退。

　　章邯已破项梁军，（○）吴云：提句。下双接，一接章邯击赵，一接怀王并军。则以为楚地兵不足忧，乃渡河击赵，大破之。【眉批】薇山云：上破秦军濮阳、大破秦、再破秦军，至此秦起兵击楚军，大破之；击赵，大破之，文之断续起伏，当如此。当此时，赵歇为王，陈馀为将，张耳为相，皆走入钜鹿城。吴云：百忙中又分出一头序赵事。章邯令王离、涉间围钜鹿，章邯军其南，筑甬道而输之粟。薇山云：下伏九战绝其甬道，大破之。陈馀为将，将卒数万人而军钜鹿之北，此所谓河北之军也。（、）【眉批】薇山云：下欲叙大战斗，此处轻轻虚写略写，是亦虚实详略法。

楚兵已破于定陶，（○）吴云：又提一句，接怀王并军。怀王恐，从盱台之彭城，并项羽、吕臣军自将之。以吕臣为司徒，以其父吕青为令尹。以沛公为砀郡长，封为武安侯，将砀郡兵。吴云：顿住。

初，宋义所遇齐使者高陵君显（○）吴云：遥接宋义。【眉批】薇山云：文渐入佳境。在楚军，见楚王曰："宋义论武信君之军必败，居数日，军果败。兵未战而先见败征，此可谓知兵矣。"李云：未必便确，谈何容易。【眉批】薇山云：可谓知兵矣、为上将军、别将皆属、号为卿子冠军，句句为宋义着精采（彩），写出帐中一斩。王召宋义与计事而大说之，因置以为上将军，项羽为鲁公，为次将，范增为末将，救赵。【眉批】吴云：突出"救赵"二字，间接围钜鹿，后乃序救赵事。奇文。诸别将皆属宋义，号为卿子冠军。行至安阳，留四十六日不进。项羽曰："吾闻秦军围赵王钜鹿，疾引兵渡河，（、）楚击其外，赵应其内，破秦军必矣。"（、）宋义曰："不然。夫搏牛之虻不可以破虮虱。今秦攻赵，战胜则兵罢，我承其敝；吴云：言必破秦者，不可以救赵，挫其锋也。不胜，则我引兵鼓行而西，必举秦矣。（、）故不如先斗秦赵。李云：别有一见。夫被坚执锐，义不如公；坐而运策，公不如义。"（、）吴云：此处写得骄恣不堪。【眉批】李云：宋义本无一能，特以出语偶中，遂膺重任，仓卒置将，几误大事。征羽则救赵之兵必败矣。【眉批】薇山云：两雄议论，固执不降之状，"破秦军必矣"、"必举秦矣"，二必字，可著眼。因下令军中曰（、）："猛如虎，狠如羊，贪如狼，强不可使者，皆斩之。"（○）【眉批】吴云：接手又下一令，使人不堪之极，然令语自奇，为项羽先留一像赞。【眉批】李云：明明指羽，自激其祸，刚愎自用，不听忠谋，不恤士卒。羽奋然诛之，诚哉快也。乃遣其子宋襄相齐，身送之至无盐，饮酒高会。（○）李云：此等举止，何谓知兵？天寒大雨，士卒冻饥。（○）吴云：写宋义不堪。【眉批】薇山云：向论将骄必败，今已处其地位，骄傲如此，一败涂地，不亦宜乎？【眉批】薇山云：留四十六日不进，饮酒高会，天寒大雨，士卒冻饥。项羽一大快绝议论之案。【眉批】吴云：项羽不答宋义，而序于高会之下，盖一腔怨愤，昔犹耐住，至此便难耐也。【眉批】吴云：前士卒冻饥，天寒大雨，只说得"冻"字，此又找"饥"字。一字之间，何可轻放，不及悉举，幸读者详之。项羽曰："将戮力而攻秦，久留不行。今岁饥民贫，士卒食芋菽，<u>军无见粮，乃饮酒高会，不引兵渡河因赵食，与赵并力攻秦，乃曰'承其敝'</u>。夫以秦之强，（、）吴云：一转。【眉批】薇山云：至此叙羽之言语三回：曰学万人敌、曰彼可取而代也、曰戮力攻秦云云。言言语语，卓荦奇伟，真非常之英雄也哉！<u>攻新造之赵，其势必举赵</u>。（、）李云：指陈晓畅，学兵法之验。<u>赵举而秦强，何敝之承</u>！且国兵新破，（、）吴云：二转。<u>王坐不安席，扫境内而专属于将军，国家安危，在此一举</u>。（、）<u>今不恤士卒而徇其私，非社稷之臣</u>。"（○）吴云：三转。【眉批】吴云：词气侃侃，可使宋义无辞。项羽晨朝上将军宋义，即其帐中斩宋义头，吴云：又写一句，正名定分。出令军中曰："宋义与齐谋反楚，楚王阴令羽诛之。"吴云：应前令军中。吴云：此时犹推载楚王。【眉批】李云："阴令"二字奸甚。当是时，诸将皆慑服，<u>莫敢枝梧</u>。（○）吴云：与前"莫敢起"同。皆曰："首立楚者，将军家也。今将军诛乱。"吴云：只一句妙绝。【眉批】吴云：想当时，诛乱之下，所以立羽者，必更有辞。因匆匆中，只听得此一句。下虽有言，不及尽，不及听矣。乃相与共立羽为假上将军。吴云："假"字犹有楚王。【眉批】吴云：只说立楚诛乱，并不言楚王，明知其不然也。使人追宋义子，及之齐，杀之。使桓楚报命于怀王。吴云：桓楚至此乃见。怀王因使项羽为上将军，李云：无可奈何。【眉批】吴云：楚王遣沛公并羽军，置宋义亦能有为，自此则项羽日强，怀王失势，以至于亡。当阳君、蒲将军皆属项羽。【眉批】吴云：自此复一路向西。

<u>项羽已杀卿子冠军，威震楚国，名闻诸侯</u>。（○）吴云：先提一句。薇山云：虚领。乃遣当阳君、蒲将军将卒二万渡河，救钜鹿。吴云：下有一篇大文，先出两句作引。战少利，陈馀复请兵。项羽乃悉引兵

渡河，皆沉船，破釜甑，烧庐舍，持三日粮，以示士卒必死，无一还心。（〇）薇山云：应军钜鹿之北，实写其战欺负断续法。【眉批】李云：不如是，安得破秦军？孟明济河焚舟，韩信背水立阵，同一法也。即所云"置之死地而后生"也。于是至则围王离，与秦军遇，九战，绝其甬道，吴云：应"筑甬道输粟"。大破之，杀苏角，虏王离。涉间不降，自烧杀。吴云：正忙时，忽截住。当是时，（〇）吴云：又提一句。楚兵冠诸侯。诸侯军救钜鹿下者十余壁，莫敢纵兵。（〇）吴云：一层。【眉批】吴云：于空处总写，四面俱动。【眉批】吴云：一面写楚兵，一面写诸侯军。分作四层，写来尽致。及楚击秦，诸将皆从壁上观。（〇）吴云：二层。楚战士无不一以当十，（〇）吴云：三层。楚兵呼声动天，诸侯军无不人人惴恐。（〇）吴云：四层。于是已破秦军，（〇）吴云：又总一句。项羽召见诸侯将，（〇）吴云：又写诸将一句。入辕门，无不膝行而前，莫敢仰视。【眉批】吴云：以上两"莫敢"。三"无不"，淋漓顿挫，妙甚。项羽由是始为诸侯上将军，诸侯皆属焉。│（〇）吴云：又总收一句，应上三提。

章邯军棘原，项羽军漳南，相持未战。吴云：一语顿住，接入章邯事。秦军数却，二世使人让章邯。章邯恐，使长史欣请事。至咸阳，留司马门三日，赵高不见，有不信之心。长史欣恐，还走其军，不敢出故道，赵高果使人追之，不及。欣至军，报曰："赵高用事于中，下无可为者。今战能胜，高必嫉妒吾功，李云：伏陈馀书。战不能胜，不免于死。愿将军孰计之。"薇山云：迫出章邯流涕之状。吴云：章邯事后，即接陈馀一书，情事适凑。│陈馀亦遗章邯书【眉批】李云：未有权臣在内，而大将能立功于外者，况以章邯之巽懦能无惧罪而怀异心乎？陈馀一书，所以深中其隐也。曰："白起为秦将，南征鄢郢，北阬马服，攻城略地，不可胜计，而竟赐死。蒙恬为秦将，北逐戎人，开榆中地数千里，竟斩阳周。何者？功多，秦不能尽封，因以法诛之。李云：深文曲笔，未经人道。吴云：有功尚然，况无功乎？今将军为秦将三岁矣，所亡失以十万数，而诸侯并起滋益多。彼赵高素谀日久，今事急，亦恐二世诛之，故欲以法诛将军以塞责，使人更代将军以脱其祸。(、)【眉批】吴云：又说赵高，句句是章邯心上语；句句司马欣口中语。写得章邯心动。夫将军居外久，多内却，有功亦诛，无功亦诛。(○)李云：秦法如此，何有于章邯？且天之亡秦，无愚智皆知之。(○)薇山云：亡秦应上起下。今将军内不能直谏，外为亡国将，孤特独立而欲常存，岂不哀哉！(○)李云：刺心入髓。将军何不还兵与诸侯为从，约共攻秦，分王其地，南面称孤；(、)此孰与身伏铁质，妻子为僇乎？"(○)李云：利害较然。【眉批】薇山云：此一书悲壮淋漓，深入章邯之神髓。使章邯之心先死矣。其有功于亡秦数十万军马。文笔之力，亦大也哉。章邯狐疑，吴云：一顿。【眉批】薇山云：内闻欣之言，外得馀之书，内外交攻章邯之心事，章邯狐疑，竟至流涕。阴使侯始成使项羽，欲约。约未成，吴云：又一顿。｜项羽使蒲将军日夜引兵渡三户，(○)三户亡秦之谶。军漳南，与秦战，再破之。项羽悉引兵击秦军汙水上，大破之。章邯使人见项羽，欲约。【眉批】薇山云：欲约，约未成。使人欲约，欲听其约，何等曲折！项羽召军吏谋曰："粮少，欲听其约。"军吏皆曰："善。"项羽乃与期洹水南殷墟上。已盟，章邯见项羽而流涕，为言赵高。(、)吴云："流涕"二字写羞惭在此，驽钝亦在此，为言赵高，即司马欣、陈馀所云也。【眉批】薇山云：猛将泣而见羽言赵高。老将怒而去羽发疽死，或泣或怒，人间情事尽矣。项羽乃立章邯为雍王，置楚军中。使长史欣为上将军，将秦军为前行。

到新安。｜诸侯吏卒，异时故繇使屯戍过秦中，秦中吏卒遇之多无状，及秦军降诸侯，诸侯吏卒乘胜多奴卤(虏)使之，轻折辱秦吏卒。吴云：累一句。秦吏卒多窃言曰："章将军等诈吾属降诸侯，今能入关破秦，【眉批】吴云：前破秦一段奇妙。今伐秦，必更有一段奇妙文字。乃又插入坑卒一事，而略定秦地，函谷守关，只一句点，以成奇观。大善；即不能，诸侯卤(虏)吾属而东，秦必尽诛吾父母妻子。"诸将微闻其计，以告项羽。项羽乃召黥布、蒲将军计曰："秦吏卒尚众，其心不服，至关中不听，事必危，不如击杀之，而独与章邯、长史欣、都尉翳入秦。"【眉批】薇山云：渐渐引入鸿门之一大演剧，纡余曲折，所谓惜不发之法。使读者又惜读。于是楚军夜击阬（◎）薇山云：应上引入咸阳一炬之惨。秦卒二十余万人新安城南。

　　行略定秦地。｜函谷关有兵守关，不得入。吴云：只一句省，整顿精神，写鸿门一段也。【眉批】薇山云：威震楚国，名闻诸侯，鬼神避之，草木皆靡，所向天下无敌。忽有兵不得入，譬犹平风稳波之海，乍变狂澜怒涛，何等巨观。又闻沛公已破咸阳，项羽大怒，（◎）吴云：沛公项羽至此分。使当阳君等击关。项羽遂入，至于戏西。沛公军霸上，吴云：先提一句。【眉批】薇山云：戏西霸上，位置先定。未得与项羽相见。（、）｜薇山云：顿挫。沛公左司马曹无伤使人言于项羽曰："沛公欲王关中，使子婴为相，珍宝尽有之。"项羽大怒，（◎）【眉批】薇山云：上沛公项羽，沛公项羽，至此项羽大怒、项羽大怒，二"大怒"字，犹猛虎暴狮之怒，写出纸上跃跃，见须髯皆动。曰："旦日（◎）享（飨）士卒，为击破沛公军！"吴云：又提一句，危急之甚。当是时，项羽兵四十万，在新丰鸿门，沛公兵十万，在霸上。（○）吴云：又提两句，较兵力是万万不敌者，正写危急。范增说项羽曰："沛公居山东时，贪于财货，好美姬。今入关，财物无所取，妇女无所幸，此其志不在小。吾令人望其气，皆为龙虎，成五采，此天子气也。急击勿失。"李云：老谋。【眉批】薇山云：借范增之口，叙出沛公少时，沛公入关处置，沛公为天子说，尽沛公终身之行事。为小传亦可矣，奇也哉！【眉批】吴云：又添范增一促，若必不可解者，下乃徐徐扬为项伯，用多少层叠。｜

　　楚左尹项伯者，吴云：项梁之配。项羽季父也，素善留侯张良。张良是时从沛公，项伯乃夜驰之沛公军，私见张良，俱告以事，欲呼张良与俱去。薇山云：承上。曰："毋从俱死也。"薇山云：应击破，急击勿失。【眉批】薇山云：以项伯之言察之，沛公决不免死。张良曰："臣为韩王送沛公，沛公今事有急，（◎）亡去不义，不可不语。"李云：真情。良乃入，（◎）具告沛公。沛公大惊，（◎）薇山云：应"项羽大怒"。曰："为之奈何？"（、）【眉批】吴云：一边惊惶，一边埋怨。写得十分危急，其妙乃尔。张良曰："谁为大王为此计者？"曰："鲰生说我曰'距关，毋内诸侯，秦地可尽王也'。故听之。"【眉批】薇山云：又借沛公之口，叙出鲰生之计。良曰："料大王士卒足以当项王乎？"薇山云：应"四十万"、"十万"。【眉批】吴云："四十万"、"十万"，前已提明。沛公默然，曰："固不如也，且为之奈何？"薇山云：形大惊。【眉批】吴云：两为之奈何，写惶急之甚。张良曰："请往谓项伯，言沛公不敢背项王也。"沛公曰："君安与项伯有故？"李云：安静。张良曰："秦时与臣游，项伯杀人，臣活之。今事有急，（◎）【眉批】吴云：正急时，说闲话，非闲话也。正写其惶急之态。故幸来告良。"吴云：素善留侯，至此说明。【眉批】薇山云：又借张良之口，叙出项伯之少时。沛公曰"孰与君少长？"良曰："长于臣。"沛公曰"君为我呼入，（◎）吾得兄事之。"【眉批】薇山云：缓缓除除，数十回问答，养意养局之文法，似《孟子·神农》章，许子冠乎，曰冠何冠，许子衣帛云云。张良出，（◎）要项伯。项伯即入（◎）见沛公。沛公奉卮酒为寿，约为婚姻，曰："吾入关，秋毫不敢有所近，籍吏民，封府库，而待将军。（、）薇山云：应"珍宝悉有之"。所以遣将守关者，备他盗之出入与非常也。（、）薇山云：应"有兵守关"。吴云：情事已尽。日夜望将军至，岂敢反乎！（、）吴云：接一句，足见其急。愿伯具言臣之不敢倍德也。"（、）吴云：又叮咛一句，足见其急。项伯许诺。谓沛公曰："旦日（◎）不可不蚤自来谢项王。"李云：自任解救之责。【眉批】吴云：旦日享士、夜驰；旦日自谢、夜去；旦日见项王。一夜一旦，序得历历。沛公曰："诺。"于是项伯复夜（◎）去，至军中，具以沛公言报项王。李云：省。因言曰："沛公不先破关中，公岂敢入乎？李云：解救隐然。今人有大功而击之，不义也，（、）不如因善遇之。"李云：绝不费力。项王许诺。

　　沛公旦日（◎）从百余骑来见项王，至鸿门，谢曰："臣与将军戮力而攻秦，（〇）薇山云：应上沛公项羽、沛公项羽。将军战河北，臣战河南，然不自意能先入关破秦，得复见将军于此。（◎）薇山云：辞令道美，必系张良之起草。今者有小人之言，令将军与臣有却。"【眉批】吴云：一件惊天动地事，数语说得雪淡，若无意于此者。故项羽死心塌地曰："籍何以至此也"，辞令之妙。项王曰："此沛公左司马曹无伤言之；不然，籍何以至此。"【眉批】薇山云：其怒也如火，其解亦如冰释。胸中磊磊，羽真英雄也哉。项王即日因留沛公与饮。（◎）｜吴云："旦日"余波。【眉批】薇山云：必也狂澜起，必也怒涛涌。岂图忽波平、忽风静，何等奇观。项王、项伯东（◎）向坐，吴云：是时东向为尊，见项王自大。（◎）亚父南（◎）向坐。（◎）亚父者，范增也。吴云：从来未有"亚父"字，故注一笔，然亦变法。沛公北（◎）向坐，（◎）张良西（◎）向侍。（◎）【眉批】吴云：盖项王上坐，沛公客居右，亚父陪居左，是时尚右也。张良侍朝上，侍亦坐也。下唅从良坐，可见四面楚楚如画。【眉批】薇山云：徐徐叙宴席主客之位置。又下"亚父"之注解，急遽匆忙，杂乱纷扰，千绪万端之中，有绰绰余地，何等运笔！范增数目项王，薇山云：忽急。举所佩玉玦薇山云：又急。以示之者三，薇山云：急之又急。项王默然不应。薇山云：何等缓。范增起，（◎）薇山云：又急。出（◎）召项庄，薇山云：又急。【眉批】薇山云：必也狂澜起，必也怒涛涌。其图忽波平、忽风静，何等奇观。谓曰："君王为人不忍，若入（◎）前为寿，寿毕，请以剑舞，因击沛公于坐，杀之。薇山云：急之又急，危之益危。不者，若属皆且为所卤（虏）。"李云：苦情。庄则入为寿，薇山云：益急。【眉批】吴云："则"字，写得快捷。寿毕，曰："君王与沛公饮，军中无以为乐，请以剑舞。"薇山云：愈益急。项王曰："诺。"项庄拔剑起（◎）舞，薇山云：

愈益甚尤急。读者不觉汗背握手。项伯亦拔剑起（◎）舞，常以身翼蔽沛公，庄不得击。薇山云：稍使人歇息。于是张良至军门，见樊哙。樊哙曰："今日之事何如？"吴云：哙先问妙，写得颙望急切。良曰："甚急。（◎）今者项庄拔剑舞，【眉批】薇山云："剑"下"起"字非脱，省一字，益见其急。其意常在沛公也。"哙曰："此迫矣，（◎）臣请入，（◎）与之同命。"薇山云：以良口出"甚急"字。甚急倒句。以哙口再出"迫矣"字。哙即带剑拥盾入军门。【眉批】薇山云：良在坐，无至军门之间隙。见项伯翼蔽，忽得间见哙。此等之处，急者极急，缓者极缓。极急者于彼则范增、项伯；于我则沛公、张良、樊哙，皆急者。极缓者谁？项羽一人耳。交戟之卫士欲止不内，樊哙侧其盾以撞，卫士仆地，哙遂入，（◎）【眉批】薇山云：庄之入、哙之入，均是入也。而庄之入下"则"字，哙之入下"即"字，大不同，虽一字不苟。【眉批】薇山云：跃跃跳出猛虎暴狮，带剑拥盾，其形也；撞仆卫士，其力也。先写其形、写其力。而伏下一绝大议论，使其论发学者说客之口，何奇之有？鸿门之一会，天下事之奇者，天下文之奇者。披帷西（◎）向立，（◎）吴云：向项王立良后也。瞋目视项王，头发上指，目眦尽裂。吴云：此段写樊哙神色如生。【眉批】薇山云：批帷西向立，写极急者，写得极缓；写怒者，而不用一"怒"字，用"头发上指"、"目眦尽裂"字。何等形状。项王按剑而跽曰："客何为者？"吴云：写项羽心惊。【眉批】薇山云：使力扛鼎，长八尺，喑哑叱咤皆废之。英雄吃惊，何等之奇观！一"跽"字下得妙。张良曰："沛公之参乘樊哙者也。"【眉批】吴云：者、者也，句调矫健。项王曰："壮士，（◎）吴云：只二字，妙写项王心折。赐之卮酒。"则与斗卮酒。哙拜谢，起，（◎）立（◎）薇山云：何等从容。而饮之。项王曰："赐之彘肩。"则与一生彘肩。吴云：两"则"字，以"但"字解，轻也。樊哙覆其盾于地，加彘肩上，拔剑切而啖之。（◎）吴云：写樊哙神色俱动。【眉批】薇山云：拔剑将击杀沛公者，今见拔剑切生彘肩，而啖之者。其吃惊果如何？项王曰："壮士，（◎）吴云：两"壮士"，写项王心折。【眉批】薖山云：借羽之口，赞哙再以"壮士"字；撞仆卫士已壮；瞋目视羽已壮；立而饮之又壮；拔剑切而啖之又壮，哙之举动一无不壮！而尤为壮者何也？议论之状快也。奇也哉哙之言行；奇也哉迁之行文！能复饮乎？"樊哙曰："臣死且不避，卮酒安足辞！（、）吴云：一路设色至此，紧接入。夫（◎）秦王有虎狼之心，杀人如不能举，刑人如恐不胜，天下皆叛之。怀王与诸将约曰'先破秦入咸阳者王之'。今沛公先破秦入咸阳，毫毛不敢有所近，封闭宫室，还军霸上，以待大王来。（○）吴云：此数语对项伯言之，对项王未言也，反从樊哙口中补出，文情之妙。故遣将守关者，备他盗出入与非常也。劳苦而功高如此，未有封侯之赏，而听细说，欲诛有功之人。此亡秦之续耳，（○）吴云：应前"秦"字。窃为大王不取也。"（○）薖山云：宜也，未有应。【眉批】薖山云：正正之议，堂堂之论。压倒大英雄者，不在前壮快之举动，而在此壮快之议论。项王未有以应，【眉批】吴云：一片至理，真令项王无辞。曰："坐。"（◎）【眉批】吴云：前两"壮士"字，此一"坐"字，别无他言，写项王心折之极。樊哙从良坐。（◎）吴云：前从良立，此从良坐，亦西向也。坐（◎）须臾，沛公起（◎）如厕，因招樊哙出。（◎）薖山云：出字应入军门、入披帷。【眉批】薖山云：曰坐、从良坐、坐须臾、沛公起云云，此起坐之字，自西向坐、东向坐、起拔剑、起而饮之字来，以此二字，形状现场，故出入起坐等之字，不可轻轻看过也。

沛公已出，（◎）项王使都尉陈平召沛公。沛公曰："今者出，（◎）未辞也，为之奈何？"（、）樊哙曰："大行不顾细谨，大礼不辞小让。"（○）李云：词俱扰励。吴云：妙语。如今人方为刀俎，我为鱼肉，何辞为。"（○）薖山云：进也锐，退也速，哙知进退之机。于是遂去。乃令张良留谢。良问曰："大王来何操？"薖山云：又急中缓叙。曰："我持白璧一双，欲献项王，玉斗一双，薖山云：将收鸿门大会，借白璧、玉斗为余波。欲与亚父，会其怒，薖山云：应再大怒。不敢献。公为我献之"【眉批】吴云：写一时匆匆，情景神似。张良曰："谨诺。"当是时，项王军在鸿门下，沛公军在霸上，相去四十里。（〇）吴云：又提一句，点出"四十里"，关锁前后。沛公则置车骑，脱身独骑，吴云：应完从百余骑。【眉批】吴云：此"则"字，作"且"字解，忙也。与樊哙、夏侯婴、靳强、纪信等四人持剑盾步走，吴云：应剑盾。从郦山下，道芷阳间行。沛公谓张良曰："从此道至吾军，不过二十里耳。度我至军中，公乃入。"（◎）吴云：前点四十里为此故耳，安顿之妙。【眉批】吴云：一骑四步，如风而行，顷刻间耳。沛公已去，间至军中，张良入（◎）谢，曰："沛公不胜杯杓，不能辞。谨使臣良奉白璧一双，再拜献大王足下；玉斗一双，再拜奉大将军足下。"项王曰："沛公安在？"（、）良曰："闻大王有意督过之，脱身独去，已至军矣。"项王则受璧，置之坐上。（、）吴云：此"则"字作"就"字解，直也。【眉批】薇山云：项王受璧下"则"字，亚父受璧去"则"字，是亦一字不苟处，可着眼。亚父受玉斗，置之地，（、）吴云：与坐上照。【眉批】薇山云：置坐与置地，叙缓急之形状，终以一喝怒声收之，何等奇文！拔剑撞而破之，（、）薇山云：拔剑不去杀沛公而今拔剑撞玉斗，亦奇。曰："唉！竖子不足与谋。夺项王天下者，必沛公也，吾属今为之卤（虏）矣。"（〇）吴云：应"若属且为所卤（虏）"。【眉批】薇山云：向以天子气论沛公，今断夺天下者必沛公也。汉楚之成败，断亚父之口中，妙！沛公至军，立诛杀曹无伤。（、）薇山云：应上收之。

居数日，项羽引兵西屠（◎）咸阳，杀（◎）秦降王子婴，烧（◎）秦宫室，火三月不灭；薇山云：屠杀烧烹，以见其暴虐，自上一戳来。【眉批】吴云：自是东归。收其货宝妇女而东。（◎）吴云：应妇女无所幸，财货无取，并封府库待将军。【眉批】薇山云：一西而屠杀，收货宝妇女而东，一东一西，惟是一私。人或说项王曰："关中阻山河四塞，地肥饶，可都以霸。"（、）项王见秦宫室皆以烧残破，又心怀思欲东（◎）归，

【眉批】薇山云：其暴如夜叉，其心如菩萨。曰："富贵不归故乡，如衣绣夜行，谁知之者！"说者曰："人言楚人沐猴而冠耳，果然。"（○）

【眉批】薇山云：其戾如狼，其猛如虎，其贪如羊，其智如沐猴，评羽亦妙。项王闻之，烹（◎）说者。｜项王使人致命怀王。怀王曰："如约。"李云：大哉王言，祸基此矣。乃尊怀王为义帝。项王欲自王，（◎）先王诸将相。吴云：点一句项羽心事。【眉批】薇山云："自王"二字，春秋遗意，自始起时，如旭日渐渐升东。至此日正午，乃盛极；盛极而渐渐而衰；衰极而终至乌江自刎。欲自王至自刎，衰哉！一篇文章，大转换之处。谓曰："天下初发难时，假立诸侯后以伐秦。然身披坚执锐，首事暴露于野三年，灭秦定天下者，皆将相诸君与籍之力也。义帝虽无功，故当分其地而王之。"李云：二句已蓄弑帝之心矣。【眉批】薇山云：自初发至此三年，借羽之口，叙年数，省笔法。诸将皆曰："善。"乃分天下，立诸将为侯王。

　　项王、范增疑沛公之有天下，业已讲解，又恶负约，恐诸侯叛之，吴云：写项羽心事，四句四层，添出范增，其主谋也。乃阴谋（○）曰："巴、蜀道险，秦之迁人皆居蜀。"乃曰："巴、蜀亦关中地也。"故立沛公为汉王，吴云：两"乃曰"，写阴谋心口商度之词，妙！王巴、蜀、汉中，都南郑。【眉批】薇山云：羽欲自王，处置义帝易易耳，处诸将相亦易易耳，唯其难处者，沛公也。曰疑、曰恶、曰恐、曰乃阴谋、曰乃、曰距塞，其心之苦，其虑之烦。写出项羽、范增心事如睹。而此处汉楚战斗之伏笔。而三分关中，王秦降将以距塞汉王。吴云："而"字接上为"汉王"也。｜项王乃立章邯为雍王，王咸阳以西，都废丘。长史欣者，故为栎阳狱掾，薇山云：应上。尝有德于项梁；都尉董翳者，本劝章邯降楚。【眉批】吴云：欣、翳独双序。故立司马欣为塞王，吴云：新。王咸阳以东至河，都栎阳；立董翳为翟王，吴云：新。王上郡，都高奴。徙魏王豹为西魏王，吴云：旧。王河东，都平阳。瑕丘申阳者，张耳嬖臣也，先下河南郡，迎楚河上，故立申阳为河南王，吴云：新。都雒阳。韩王成因故都，吴云：旧。都阳翟。赵将司马卬定河内，数有功，故立卬为殷王，吴云：新。王河内，都朝歌。徙赵王歇为代王。吴云：旧。赵相张耳素贤，又从入关，故立耳为常山王，吴云：新。王赵地，都襄国。当阳君黥布为楚将，常冠军，故立布为九江王，吴云：新。都六。鄱君吴芮率百越佐诸侯，又从入关，故立芮为衡山王，吴云：新。都邾。义帝柱国共敖将兵击南郡，功多，因立敖为临江王，吴云：新。都江陵。徙燕王韩广为辽东王。吴云：旧。燕将臧荼从楚救赵，因从入关，故立荼为燕王，吴云：新。都蓟。徙齐王田市为胶东王。吴云：旧。齐将田都从共救赵，因从入关，故立都为齐王，吴云：新。【眉批】吴云：徙赵而封张耳，徙燕以封臧荼，徙齐以封田都，尤极不堪。故两两相比，以形容之，此作者眼目。都临菑。故秦所灭齐王建孙田安，项羽方渡河救赵，田安下济北数城，引其兵降项羽，故立安为济北王，吴云：新。【眉批】吴云：因立因封，因其旧也。余自王、自立、故立、乃立，故不封。只平乎序去，而不平处自见。都博阳。田荣者，数负项梁，又不肯将兵从楚击秦，以故不封。吴云：伏齐叛按。成安君陈馀弃将印去，不从入关，藏山云：有不肯者、不从者，为小波。然素闻其贤，有功于赵，闻其在南皮，故因环封三县。吴云：伏赵叛按。番君将梅鋗功多，故封十万户侯。项王自立为西楚霸王，王九郡，都彭城。（○）｜藏山云：至此文气顿住。【眉批】吴云：义帝先立而后序，诸侯先序而后立。序法极为整齐，亦极为变化。【眉批】藏山云：鸿门一会，咸阳屠杀，狂澜怒涛。天柱摧，地维析之后，先王诸将相，各就其土。竟自立为西楚霸王，王九郡，都彭城，天下已定。耳不闻干戈之声，目不睹旌旗之动。犹风静波平，上下天光，一碧万顷之气象。文之起伏断续，妙极矣！奇尽矣！岂天下古今，有如是观乎？

汉之元年四月，诸侯罢戏下，各就国。吴云：分封事毕，总结一句。天下自此定矣，而孰知其不然也哉。【眉批】藏山云：自王之后，以汉元年，起笔发端。笔法严正，语调绝高，何等史笔。【眉批】吴云：此后皆用汉之年月为提纲。项王出之国，使人徙义帝，薇山云：徙帝、汉王、五诸侯兵云云伏笔。曰："古之帝者地方千里，必居上游。"乃使使徙义帝长沙郴县。吴云：义帝封地，至此序出。趣义帝行，其群臣稍稍背叛之，（、）乃阴令衡山、临江王击杀（◎）之江中。韩王成无军功，项王不使之国，与俱至彭城，废以为侯，已又杀（◎）之。臧荼之国，因逐韩广之辽东，广弗听，荼击杀（◎）广无终，并王（◎）其地（、）。吴云：分封后补出一事，是臧荼并燕。田荣闻项羽徙齐王市胶东，而立齐将田都为齐王，乃大怒，不肯遣（、）齐王之胶东，因以齐反，（、）迎击（、）田都。【眉批】薇山云：背叛之、击杀之，又杀并王其地。不肯遣、反击，皆形人心不服项羽，下大波澜之伏。田都走楚。齐王市畏项王，乃亡之胶东就国。田荣怒，追击杀之（、）即墨。荣因自立（◎）为齐王，而西击杀（、）济北王田安，并王三齐。（、）吴云：又补出一事，是田荣反齐。【眉批】薇山云：又见诸将相中，自立并王等之字。荣与彭越将军印，令反（、）梁地。陈馀阴使张同、夏说说齐王田荣曰："项羽为天下宰，不平。（○）【眉批】薇山云：向亡秦时，陈馀送书于章邯；今亡楚时，馀又使张夏说齐王。前后映对，馀之笔、馀之说，于秦楚之亡，有大关系。今尽王故王于丑地，而王其群臣诸将善地，逐其故主，赵王乃北居代，（、）馀以为不可。（○）闻大王起兵，且不听不义，愿大王资馀兵，请以击常山，以复赵王，请以国为扞蔽。（、）"【眉批】薇山云：以不平、不义声羽之罪，皆汉王起兵之伏。齐王许之，因遣兵之赵。陈馀悉发三县兵，与齐并力击常山，大破之。张耳走归汉。陈馀迎故赵王歇于代，反之赵。赵王因立陈馀为代王。｜吴云：又补出一事，是陈馀反赵。

是时，汉还定三秦。吴云：收归项羽。【眉批】薇山云：是时字甚重，见士马精强之势，关项羽、范增念头者，惟是而已。项羽闻汉王皆已并关中，且（○）东，（◎）齐、赵叛之，（○）吴云：又叠一句，并收上齐、赵事。【眉批】吴云：分封以后，诸事纷纷，几与本文隔绝。故提一句阡接入。

而定三秦一事，反藏起在《高祖纪》中，章法之妙。大怒。(◎)薇山云：前再大怒得解，此一怒终身不解，乌公之头，自刎而解。乃以故吴令郑昌为韩王，以距汉。【眉批】吴云：郑昌为韩王云云，分封余波。令萧公角等击彭越。彭越败萧公角等。汉使张良徇韩，乃遗项王书曰："汉王失职，欲得关中，如约即止，不敢(、)东。"(◎)薇山云：此一书使衣绣东归者之心胆寒。又以齐、梁反书遗项王曰："齐欲与赵并灭楚。"(、)楚以此故无(○)西(◎)意，而北击齐。(○)征兵九江王布。布称疾不往，使将将数千人行。项王由此怨布也。(、)│吴云：百忙中又插一事，顿住，伏脉。【眉批】薇山云：欲西而不得西，欲止东而不得止东。击北则南亦不安，一心向东西南北，不知所适从。容貌如妇女子者。运筹于帷中，使力扛鼎、长八尺、喑哑叱咤、千人皆废之英雄至此，智亦大也哉！【眉批】薇山云：布之去就，所以汉楚成败之分，布亦人杰也哉！

汉之二年冬，(、)项羽遂北至城阳，田荣亦将兵会战。田荣不胜，走至平原，平原民杀之。遂北烧(◎)夷齐城郭室屋，皆阬(◎)田荣降卒，系卤(虏)(◎)其老弱妇女。【眉批】薇山云：此烧夷阬杀、系虏残灭，咸阳之余波，暴虐益甚，叛者益甚。徇齐至北海，多所残灭。(◎)齐人相聚而叛之。于是田荣弟田横收齐亡卒得数万人，反城阳。项王因留，连战未能下。吴云：又顿住，疾接汉王事。春，汉王部五诸侯兵，凡五十六万人，(○)东(◎)伐楚。(○)薇山云：对三万人。【眉批】薇山云：使羽无西意，而后部五诸侯兵五十六万东。汉王之东极郑重，羽之一西一东极轻噪(躁)。汉楚之成败，于一东一西之字，亦见之。项王闻之，即令诸将击齐，而自(◎)以精兵三万人南从鲁出胡陵。薇山云：对十余万人。【眉批】薇山云：南从鲁出，西从萧击，东至彭城，羽亦东西南北，纵横自在。四月，汉皆已入彭城，收其货宝美人，吴云：应收秦货宝、妇女而东。日置酒高会。【眉批】李云：故态复萌，几误大事。想樊哙必不在军。项王乃西(◎)从萧，晨击汉军而东，(◎)至彭城，日中，大破汉军。汉军皆走，相随入穀、泗水，杀汉卒十余万人。(、)汉卒皆南走山，楚又追击至灵壁东睢水上。【眉批】吴云：晨击、日中、入水、走山。序得如画。汉军却，为楚所挤，多杀，汉卒十余万人皆入睢水，睢水为之不流。围汉王三匝。(、)吴云：极写项王气势。【眉批】薇山云：部五诸侯兵五十六万东，天下何事不成？忽围汉王三匝。文之曲折，事之成败，奇极妙极。于是大风从(○)西北(◎)而起，折木发屋，扬沙石，窈冥昼晦，逢迎楚军。(○)吴云："逢迎"二字，写得风雨有意。【眉批】薇山云：英雄之或东或西，决成败胜负于其中，固奇！今天降或西或北之风于其间，尤奇！谓之天人之戏事乎？楚军大乱，坏散，而汉王乃得与数十骑(、)遁去，欲过沛，收家室而西；楚亦使人追之沛，取汉王家；家皆亡，不与汉王相见。汉王道逢得孝惠、鲁元，乃载行。楚骑追汉王，汉王急，(◎)推堕孝惠、鲁元车下，滕公常下收载之。吴云：滕公为太仆驭车。【眉批】薇山云：其东也，部五诸侯兵五十六万；其西也，收家室。家室且亡，才得见。又推堕车下，瞬间盛衰之异如此。如是三。曰："虽急(◎)不可以驱，奈何弃之？"于是遂得脱。求太公、吕后不相遇。审食其从太公、吕后间行，求汉王，反遇楚军。楚军遂与归，报项王，项王常置军中。吴云：又顿住伏。

是时吕后兄周吕侯为汉将兵居下邑，吴云：又补出一事，是同吕侯居下邑。汉王间往从之，稍稍收其士卒。至荥阳，诸败军皆会，萧何亦发关中老弱未传悉诣荥阳，复大振。(○)【眉批】薇山云：读至此，稍强人意。楚军中有助老弱残杀之暴范老贼，无发老弱悉诣之此地藏菩萨。所以跌而又兴，败而又成。楚起于彭城，常乘胜逐北，与汉战荥阳南京、索间，汉败楚，楚以故不能过荥阳而西。(◎)吴云：又截住。项王之救彭城，追汉王至荥阳，田横亦得收齐，立田荣子广为齐王。吴云：别将击齐，几为忘却，乘便插入一笔。【眉批】吴云：自此一路往西，下双接。一接田横分脉也，一皆汉王正脉也。汉王之败彭城，诸侯皆复与楚而背汉。

汉军荥阳，筑甬道属之河，以取敖仓粟。(○)|【眉批】薇山云：发老弱而人大振，取敖仓粟而食亦足。人已振，食已足，然而不王者，未之有也。

汉之三年，(、)项王数侵夺汉甬道，汉王食乏，(、)恐，请和，割荥阳以西为汉。项王欲听之。历阳侯范增曰："汉易与耳，今释弗取，后必悔之。"薇山云：以范增之言，迫出陈平之秘计。【眉批】吴云：坐中补出亚父，此处补出历阳侯，附传必详。然穿插使人不觉。【眉批】薇山云：向用张良之计，示齐梁之反书，使项王东西狼狈；用陈平之略，离君臣之间；用萧何老弱脉，粮食足。皆转败局为成机，汉自始至终用智，楚自始至终恃力，力无所用而止。项王乃与范增急围荥阳。汉王患之，(、)乃用陈平计间项王。项王使者来，为太牢具，举欲进之。见使者，佯惊愕曰："吾以为亚父使者，乃反项王使者。"更持去，以恶食食项王使者。吴云：两使者，句调轻捷。使者归报项王，项王乃疑范增与汉有私，李云：大失著。稍夺之权。(、)范增大怒，(◎)【眉批】薇山云：项羽一大怒，皆已解。三大怒，怒未解。范增又大怒，君臣皆以大怒终其身，亦奇。曰："天下事大定矣，君王自为之。薇山云：应上天子之气，夺项王之天下者。【眉批】薇山云：天下事大定也，久矣。至此范老发此言已晚矣。后世东坡论之尽矣。【眉批】薇山云：已使项王自王，今怒曰自为之。自为之已久矣。愿赐骸骨归卒伍。"李云：项亡矣。项王许之。行未至彭城，疽发背而死。吴云：便中序完范增事，是附传体。【眉批】薇山云：增家居七十，好奇计。奇计一无所用，今为奇计所离间。疽发背而死，可悯。| 汉将纪信说汉王曰："事已急矣，(、)请为王诳楚为王，王可以间出。"吴云：间接急围荥阳。吴云：句法奇，然已详尽。薇山云：三王字，语气极急。于是汉王夜出女子荥阳东门被甲二千人，楚兵四面击之。纪信乘黄屋车，傅左纛，(○)曰："城中食尽，(、)汉王降。"楚军皆呼万岁。【眉批】薇山云：楚将归卒伍，汉将为王，何等奇事。汉王亦与数十骑从城西门出，走成皋。【眉批】吴云：中有九江王布事，后补序。项王见纪信，问："汉王安在？"信曰："汉

王已出矣。"项王烧杀（◎）纪信。吴云：又截住。【眉批】薇山云：代其主而死，不屈守节而死，此等之人，楚国无一人。汉王使御史大夫周苛、枞公、魏豹守荥阳。周苛、枞公谋曰："反国之王，难与守城。"乃共杀魏豹。楚下荥阳城，生得周苛。项王谓周苛曰："为我将，我以公为上将军，封三万户。"周苛骂曰："若不趣降汉，汉今虏若，若非汉敌也。"（○）项王怒，烹（◎）周苛，并杀（◎）枞公。【眉批】薇山云：烧杀纪信、烹周苛、杀枞公，皆怒中处置。汉王之出荥阳，吴云：间接。【眉批】吴云：此补序出西门之后，走成皋之前。南走宛、叶，得九江王布，薇山云：应上布不行，羽由此怨布也。【眉批】薇山云：布之去就，所以汉楚之轻重，是虚写法。行收兵，复入保成皋。

汉之四年，（、）项王进兵围成皋。汉王逃，独与滕公出成皋北门，渡河走修武，从张耳、韩信军。诸将稍稍得出成皋，从汉王。楚遂拔成皋，欲西（◎）。汉使兵距之巩，令其不得西（◎）。是时，彭越渡河击楚东阿，杀楚将军薛公。吴云：又补出一事，是彭越击楚，遥接上败萧公角事。【眉批】吴云：时事纠纷，一手独运。而逐节写来，一丝不乱。项王乃自东（◎）击彭越。吴云：自西忽而东，暂也，为彭越也。【眉批】薇山云：自王以后，增曰：自为之。今又自东，羽自得天下，自亡天下。自亡天下，亦无限恨。汉王得淮阴侯兵，欲渡河南。郑忠说汉王，乃止壁河内。使刘贾将兵佐彭越，烧楚积聚。（、）【眉批】薇山云：烧彼积聚，而我就仓食，又绝彼之粮食，尤妙计。项王东击破之，走彭越。汉王则引兵渡河，吴云：此"则"作"遂"字解。【眉批】吴云：汉王彭越合序。复取成皋，军广武，就敖仓食。（、）吴云：又顿住。项王已定东海来，西，（◎）吴云：复自东而西，总提一句。与汉俱临广武而军，相守数月。当此时，彭越数反梁地，绝楚粮食，（○）【眉批】吴云：又插彭越。【眉批】薇山云：以兵不攻之，而以食攻之，妙！项王患之。为高俎，置太公其上，告汉王曰："今不急下，吾烹太公。"【眉批】吴云：兵钝粮绝，项王为此，乃急

着也。已为汉王窥破。必不敢没太公，故为大言。而羽亦自止，上文明甚。汉王曰："吾与项羽俱北面受命怀王，曰'约为兄弟'，吴云：约为兄弟事补。吾翁即若翁，必欲烹（◎）而翁，则幸分我一杯羹。"吴云："则"又作"亦"字解。项王怒，（◎）欲杀之。项伯曰：【眉批】吴云：项伯前为张良，此与汉王约为婚姻。"<u>天下事未可知，且为天下者不顾家，虽杀之无益，祇益祸耳。</u>"（○）项王从之。|<u>楚汉久相持未决，丁壮苦军旅，老弱罢转漕。</u>（○）项王谓汉王曰："天下匈匈数岁者，徒以吾两人耳，愿与汉王挑战决雌雄，毋徒苦天下之民父子为也。"薇山云：以羽之言，收束上文，束起下文。【眉批】吴云：数叶以来，事多文繁。恐人未辨，故又总提一句，以见前后皆相持未决之事也。【眉批】薇山云：非民父子之苦，而自己食乏之苦。汉王笑（◎）谢曰："吾宁（○）<u>斗智</u>，（◎）<u>不能</u>（○）<u>斗力</u>。"（◎）【眉批】薇山云：以汉王之口，点出"智、力"二字，是全篇之总括，乃画龙点睛。项王令壮士出挑战。汉有善骑射者楼烦，楚挑战三合，楼烦辄射杀之。【眉批】吴云：先写楼烦，所以反衬项羽。项王<u>大怒</u>，（◎）乃自（○）被甲持戟挑战。薇山云：又自被甲。【眉批】薇山云：羽大怒者数回。怒烹周苛，又怒欲杀太公。大怒中之小怒。羽之大怒者，大怒于汉王也。而汉王不发一怒，忽发一笑，笑者有智。怒者有力耳，是所以怒者亡天下，笑者得天下也。楼烦欲射之，项王瞋目叱之，楼烦目不敢视，手不敢发，遂走还入壁，不敢复出。【眉批】吴云：连用三"不敢"，写得生动。汉王使人间问之，乃项王也。汉王<u>大惊</u>。（◎）【眉批】薇山云：使笑谢之，智者大惊；怒者之勇，亦壮也哉。于是项王乃即汉王相与临广武间而语。【眉批】薇山云：笑而谢，临而语，应上文沛公项羽、沛公项羽云云；汉王项王云云。文章开合之处。汉王数之，吴云：略。项王怒，（◎）欲一战。汉王不听，项王伏弩射中汉王。薇山云：才见小智可笑。汉王伤，走入成皋。|

项王闻淮阴侯已举河北，吴云：又补出一事，是淮阴侯举河北。破齐、赵，且欲击楚，乃使龙且往击之。【眉批】藏山云：收上引起垓下。淮阴侯与战，骑将灌婴击之，大破楚军，杀龙且。韩信因自立（◎）为齐王。【眉批】藏山云：项王自王以后，至此韩信又自王。天下将归于一，又为三分之势。天下之势，文章之势，曲折变转，当如此。项王闻龙且军破，则恐，（◎）吴云：则又作乃字解。使盱台人武涉往说淮阴侯。吴云：不重说，止写项王窘急，故略。淮阴侯弗听。【眉批】藏山云：使项王怒者，韩信也。信亦英雄也哉。是时，彭越复反，下梁地，绝楚粮。（○）吴云：又遥接彭越，千缕万丝，一毫不乱。【眉批】吴云：凡三提彭越，以见楚项之病根。项王乃谓海春侯大司马曹咎等曰："谨守成皋，则汉欲挑战，吴云："则"又作"如"字解。慎勿与战，毋令得东（◎）而已。【眉批】吴云：自西复东，为彭越也。我十五日必诛彭越，定梁地，复从将军。"乃东，（◎）行击陈留、外黄。外黄不下。数日，已降，项王怒，（◎）悉令男子年十五已上诣城东，欲阬（◎）之。吴云："十五"正为"十三"作波。【眉批】藏山云：坑秦降卒二十余万人，屠咸阳之余波。外黄令舍人儿年十三，（、）【眉批】藏山云：羽之将起也，居巢七十之人，往说之；其将衰也，外黄十三之人，亦往说之。首尾呼应，天然之至文。往说项王曰："彭越强劫外黄，外黄恐，故且降，待大王。大王至，又皆阬之，百姓岂有归心？从此以东，梁地十余城皆恐，莫肯下矣。"（、）项王然其言，乃赦外黄当阬（◎）者。东（◎）至睢阳，闻之皆争下项王。吴云：截住。汉果数挑楚军战，吴云：间接。楚军不出。使人辱之五六日，大司马怒，渡兵汜水。士卒半渡，汉击之，大破楚军，尽得楚国货赂。【眉批】藏山云：前入彭城，夺宝货美人。一败睢水为不流。今又大破楚军，尽得楚国货赂。汉王亦贪财哉。大司马咎、长史翳、塞王欣皆自刭（◎）汜水上。藏山云：伏乌江自刎。大司马咎者，故蕲狱掾，长史欣亦故栎阳狱吏，藏山云：收上文，一丝不漏。【眉批】吴云：狱掾凡两应。分封一点，见其私也；此处一点，见不用贤而任其私，项羽之所以败也。两人尝有德于项梁，是以项王信任之。｜当是时，吴云：又接睢阳事，合入。项王在睢阳，闻海春侯军败，则引兵还。汉军方围钟离眜于荥阳东，吴云：补序一句简。项王至，汉军畏楚，尽走险阻。是时，汉兵盛食多，项王兵疲食绝。（〇）【眉批】薇山云：一则兵盛，一则兵罢；一则食多，一则食尽。自上渐渐养文气、养兵气。至此对举说破，迫出天亡，文气当如此。兵势亦当如此。汉遣陆贾说项王，请太公，项王弗听。汉王复使侯公往说项王，项王乃与汉约，中分天下，割鸿沟以西（◎）者为汉，鸿沟而东（◎）者为楚。吴云：此范增之所不听者也。项王许之，【眉批】薇山云：羽使武涉说韩信，不能说；汉使侯公说羽，忽说得之。辩士两两相对，一成一不成。即归汉王父母妻子。【眉批】薇山云：请太公，归父母妻子，皆收上文。军皆呼万岁。

　　汉王乃封侯公为平国君。吴云：忙中又入此间事作波。匿弗肯复见。曰："此天下辩士，所居倾国，故号为平国君。"项王已约，乃引兵解而东（◎）归。吴云：自此解兵东归，项羽不复西矣。（〇）汉欲西（◎）归，（〇）张良、陈平说【眉批】薇山云：张先示齐梁反书，陈先离间楚君臣，已见其伎俩。今张、陈二谋士进说，可见为汉楚胜负决著之近。【眉批】吴云：良、平一说，对照范增。曰："汉有天下太半，而诸侯皆附之。楚兵罢食尽，此（〇）天亡（◎）吴云：天亡二字引起。【眉批】薇山云：天亡秦、天亡楚，首尾呼应。楚之时也，不如因其机而遂取之。今释弗击，此所谓'养虎自遗患'也。"（〇）薇山云：自猛虎、狼羊贪狼字来，妙。汉王听之。【眉批】薇山云：观秦皇曰：彼取而可代，终取而代之。今又将为他人所取。噫！

　　汉五年，汉王乃追项王至阳夏南，止军，与淮阴侯韩信、建成侯彭越期会而击楚军。【眉批】吴云：信、越方为齐王、梁王。侯乃史公追叙。至固陵，而信、越之兵不会。薇山云：期而不会，是所以后之斩醢。楚击汉军，大破之。（ ）汉王复入壁，深堑而自守。【眉批】吴云：

渐近垓下，又纵一笔，为项羽生色。谓张子房曰："诸侯不从约，为之奈何？"【眉批】薇山云：子房在何处？何出之晚？此处一出，天下可定也。对曰："楚兵且破，信、越未有分地，其不至固宜。君王能与共分天下，今可立致也。即不能，事未可知也。君王能自陈以东傅海，尽与韩信；睢阳以北至穀城，以与彭越：使各自为战，则楚易败也。"（）汉王曰："善。"于是乃发使者告韩信、彭越曰："并力击楚。楚破，自陈以东傅海与齐王，睢阳以北至穀城与彭相国。"使者至，韩信、彭越皆报曰："请今进兵。"韩信乃从齐往，刘贾军从寿春并行，屠城父，至垓下。（）大司马周殷叛楚，以舒屠六，举九江兵，随刘贾、彭越皆会垓下，（）诣项王。吴云：垓下再点，见四路军马毕集，气势汹涌。项王军壁垓下，（）【眉批】薇山云：至垓下、会垓下、壁垓下，与前鸿门对观，末段太精彩。兵少食尽，（○）【眉批】吴云：兵食凡三点，是项王致败处。回护项王非战之罪，或其然乎。汉军及诸侯兵围之数重。（）吴云：一句总收上汉王、信、越、刘贾、周殷等。夜闻汉军四面皆楚歌，项王乃（○）【眉批】吴云：正战阵中，忽写汉军歌楚王歌。点缀幽细，别换一种笔墨。大惊（◎）曰："汉皆已得楚乎？是何楚人之多也！"项王则夜起，饮帐中。有美人名虞，常幸从；（○）吴云：写得幽秀清倩，非战阵语，妙！骏马名骓，常骑之。于是项王乃悲歌慷慨，自为诗曰："力拔山兮气盖世，时不利兮骓不逝。骓不逝兮可奈何，虞兮虞兮奈若何！"（○）吴云：歌词清新俊逸，不作粗鲁倔强语。妙！【眉批】薇山云：鸿门之会，叙目眦尽裂之猛将与撞破玉斗之老将。此处叙窈窕美人与骏马。叙事变化，姿致无极。【眉批】吴云："可奈何"、"奈若何"，若无意义。乃一腔怨愤，万种低徊。地厚天高，托身无所。写英雄失路之悲，至此极矣。歌数阕，美人和之。项王（○）泣（◎）数行下，左右皆泣，莫能仰视。（○）｜吴云：又就旁人写一笔。【眉批】吴云：写项王如许风流，绝不是喑哑叱咤义质。【眉批】薇山云：使大怒者大惊，又使大怒者大泣，尤奇！而笑者终不可测。篇中喜怒泣笑字，可着眼。【眉批】吴云：前写壮勇，令人神飞；此写悲凉，令人泪下。昔所云：莫敢仰视、莫敢枝梧者，果何在哉？于是项王乃上马骑，麾下壮士骑从者<u>八百余人</u>，(、) 吴云：应"八千人渡江"。【眉批】薇山云：回顾诸将入辕门，膝行而前，莫能仰见之盛。<u>直夜</u>（◎）<u>溃围</u>(、)南出，驰走。<u>平明</u>，（◎）<u>汉军乃觉之</u>，【眉批】薇山云：鸿门之会以旦，垓下之围以夜。"旦"字、"夜"字、"平明"字，叙事入精细。【眉批】吴云：完直夜溃围，平明乃觉。令骑将灌婴以<u>五千骑</u>(、)追之。【眉批】薇山云："追之"、"追及之"、"追者"云云，亡秦追汉王者，今如此。项王渡淮，骑能属者<u>百余人</u>(、) 耳。吴云：忽而百余。

  项王至阴陵，迷失道，问一田父，田父绐曰"左"。左，乃陷大泽中。以故汉追及之。项王乃复引兵而东，至东城，<u>乃有二十八骑。</u>(、) 吴云：至二十八骑。汉骑追者数千人。(、) 项王自度不得脱。谓其骑曰：【眉批】吴云：一篇大文字，必有总结。此即就项羽口中结出。"<u>吾起兵至今八岁矣，身七十余战，所当者破，所击者服，未尝败北，遂霸有天下。</u>然今卒困于此，此（〇）天（◎）之（〇）亡（〇）我，<u>非战之罪也。今日固决死，愿为诸君决战，必三胜之，</u>（〇）薇山云：应十五日必诛彭越。【眉批】吴云：一呼。<u>为诸君溃围，斩将，刈旗</u>，吴云：此三胜也。【眉批】薇山云：与斩宋义时，相呼应。其辞气何壮烈！<u>令诸君知</u>（〇）<u>天亡</u>（◎）<u>我，非战之罪也。</u>"（〇）【眉批】吴云：又呼。历落顿挫，毫愤语，以三曲折写之。乃分其骑以为四队，四向。<u>汉军围之数重。</u>(、) 项王谓其骑曰："吾为公取彼一将。"(、) 令四面骑驰下，期山东为三处。吴云：山前未点明。于是项王大呼驰下，汉军皆披靡，遂斩汉<u>一将</u>。(、) 是时，赤泉侯为骑将，吴云：杨喜此时未封。【眉批】吴云：斩将事，亦分为两段写，中插赤泉侯间之章法。追项王，<u>项王瞋目而叱之，赤泉侯人马俱惊，辟易数里，</u>(、)与其骑会为三处。【眉批】吴

云：前借楼烦，此借赤泉侯反衬项羽，是一样文法。汉军不知项王所在，乃分军为三，复围之。(、)项王乃驰，复斩汉一都尉，杀数十百人，复聚其骑，亡其两骑耳。乃谓其骑曰："何如？"【眉批】吴云："如何（何如）"只两字，反写得意之语，极写项羽豪迈。骑皆伏曰："如大王言。"| 薇山云：到底恃力与战。【眉批】吴云：君骄臣谄，一唱一和。极是当时口角，至死未悟。

于是项王乃欲东渡乌江。乌江亭长檥船待，谓项王曰："江东虽小，地方千里，众数十万人，亦足王也。愿大王急渡。今独臣有船，汉军至，无以渡。"项王笑（◎）曰："天（◎）之亡（◎）吴云："天亡"余波。【眉批】薇山云：泣者临死而笑，何等壮烈。八年为霸王，惊天动地之大事业，付之于一笑去。呜呼！项羽千古之英雄也哉！我，我何渡为！且籍与江东子弟八千人渡江而西，今无一人还，纵江东父兄怜而王我，(○)吴云：应"子弟"。【眉批】吴云：直掉至篇首呼应，是通篇章法。我何面目见之？纵彼不言，籍独不愧于心乎？"（○）吴云：作一顿。【眉批】吴云：踌躇四顾，曲尽情景。乃谓亭长曰："吾知公长者。吾骑此马五岁，所当无敌，尝一日行千里，不忍杀之，(、)以赐公。"【眉批】吴云：又就马上模写一番，不知其人，视其物，正衬写项羽也。【眉批】薇山云：骓兮骓兮，何幸何幸。为英雄所知，为名史所记。骓兮骓兮，何幸何幸。乃令骑皆下马步行，持短兵接战。独籍所杀汉军数百人。项王身亦被十余创。顾见汉骑司马吕马童，曰："若非吾故人乎？"马童面之，指王翳曰："此项王也。"吴云：又旁写一笔。【眉批】吴云：想当时指目项王，神色俱动。项王乃曰："吾闻汉购我头千金，邑万户，吾为若德。"乃自刎（◎）而死。【眉批】薇山云：吾马赐亭长，吾头德故人。自王自刎而终，一生亦无恨。

王翳取其头，余骑相蹂践争项王，相杀者数十人。最其后，郎中骑杨喜、骑司马吕马童、郎中吕胜、杨武各得其一体。【眉批】吴云：

五人先写王翳，后序四人。小小中亦具章法。五人共会其体，皆是。<u>分其地为五</u>：吴云：县购万户之地也。【眉批】吴云：详序。作分王一段余波，可为三叹。封吕马童为中水侯，封王翳为杜衍侯，封杨喜为赤泉侯，封杨武为吴防侯，封吕胜为涅阳侯。【眉批】薇山云：欲自王，先封诸将相者之身体，得其一，亦得封侯。照应极奇。｜

<u>项王已死，楚地皆降汉，独鲁不下。汉乃引天下兵欲屠之，为其守礼义，为主死节，乃持项王头视鲁，鲁父兄乃降。</u>（○）吴云：写得气势，然正以衬鲁之不下也。【眉批】薇山云：引天下兵欲屠之不降，独字对天下，有此可以为一部绝大文章之大结尾。【眉批】吴云："父兄"字好，是守礼义之国。｜始，楚怀王初封项籍为鲁公，及其死，鲁最后下，故以鲁公礼葬项王穀城。汉王为发哀，<u>泣</u>（◎）之而去。薇山云：笑者亦泣，泣者亦千古之英雄哉！【眉批】吴云：以鲁事作余波，乃借题直掉至怀王初封，收尽通篇，神妙乃尔。【眉批】吴云：约为兄弟故耶，然盛衰之感，何得无之？诸项氏枝属，汉王皆不诛。乃封项伯为射阳侯。【眉批】吴云：完项伯事。桃侯、平皋侯、玄武侯皆项氏，赐姓刘氏。【眉批】吴云：又引三侯，以悟项伯。

太史公曰：<u>吾闻之周生曰"舜目盖重瞳子"，又闻项羽亦重瞳子。羽岂其苗裔邪？何兴之暴也！</u>（○）｜【眉批】吴云：史公论赞，往往从闻处写，最为生色，极有丰神。【眉批】薇山云：赞项羽，试思著笔何如，乃自轻轻容貌之奇叙起。何兴字忽入议论。【眉批】薇山云：从风采容貌入议论。三年为霸王，乃兴之暴。极赞羽。【眉批】吴云：极赞羽。夫秦失其政，陈涉首难，豪杰蜂起，相与并争，不可胜数。然羽非有尺寸，乘势起陇亩之中，三年，遂将五诸侯灭秦，分裂天下，而封王侯，政由羽出，号为"霸王"，位虽不终，<u>近古以来未尝有也</u>。（○）【眉批】薇山云：翻弄"自"字，为议论。极抑之，再回顾前段，虽谬而不终其身，近古以来未曾有之英雄也之意，又极扬之。｜及羽背关怀楚，放逐义帝而<u>自立</u>，（◎）怨王

侯叛己，难矣。自（◎）矜功伐，奋其私智而不师古，谓霸王之业，欲以力征经营天下，五年卒亡其国，身死东城，尚不觉悟而不自责，过矣。乃引（、）"天亡（◎）我，非用兵之罪也"，岂不谬哉！（、）

【眉批】吴云：一赞中五层转折，唱叹不穷，而一纪之神情已尽。【眉批】森田节斋云：项羽纪八年事，以八千八百十字叙之。论赞以百八十六字断之。各分以为二段，可谓史公文能用长，亦能用短矣。

【总评】吴齐贤云：项羽力拔山，气盖世，何等英雄，何等力量！太史亦以全神付之，成此英雄力量之文。如破秦军处、斩宋义处、谢鸿门处、分王诸侯处、会垓下处，精神笔力，直透纸背。静而听之，殷殷阗阗，如有百万之军，藏于赓麋汗青之中，令人神动。

又云：当时四海鼎沸，时事纷纭。乃操三寸之管，以一手独运，岂非难事。他于分封以前，如召平、如陈婴、如秦嘉、如范增、如田荣、如章邯请事。逐段别起，一头合到项氏，百川之归海也。分封以后，如田荣反齐，如陈馀反赵，如周吕侯居下邑，如周苛杀魏豹，如彭越下梁，如淮阴侯举河北，逐段追序前事，合到本文，千山之起伏也。而中间总处、提处、间接处、遥接处，多用于是当是时等字，神理一片。

又云：项羽起兵伐秦，是自东而西；伐齐则自西而东。与汉王战，又自东而西。解而归，至乌江，则又自西而东。"东"、"西"字，是一篇眼目。

又云：八千人渡江而西，忽化而为二万、六七万、数十万；忽化而为八百余人、百余人、二十八骑，至无一人还。其兴也如江涌，其亡也如雪消，令人三叹。

又云：项梁、项伯、范增，是附传。盖记其始，并序其终者，附传法也。忽然而来者，插序法也。馀仿此。

又云：中间带序义帝处，亦颇英武。不是避贤割序一流，故堪为沛公缟素。

李晚芳云：羽之神勇，千古无二。太史公以神勇之笔，写神勇之人，亦千古无二。迄今正襟读之，犹决喑哑叱咤之雄，纵横驰骤于数页之间。驱数百万甲兵，如大风卷箨，奇观也。

又云：当是时，秦纲懈而维弛，天下叛之。英雄杂遝并起，千头万绪，纷如乱丝。太史公以一笔写之。或插序、或陪序、或带序、或附传，无不丝丝入扣，节节归根。步骤井然不乱，后之作史者，谁有此笔力？

又云：此篇中纪羽由微而盛，由盛而亡，中以义帝为关照。羽未弑帝以前，由裨将而次将，而上将，而诸侯上将军，至分封则为西楚霸王。始以八千人而西，俄而二万，俄而六七万，至新丰鸿门则四十万。其兴也勃焉。及杀帝则日衰矣，以私意王诸侯，诸侯不服。由是田荣以齐反，陈馀以赵反。征九江王而九江王不往；战田横而田横不下。困京索不能过荥阳；杀薛公而东阿失守。使龙且而龙且击死；委司马长史而司马长史败亡。至垓下，所谓四十万者，忽为八百余、二百余、二十八骑，至无一人还，其亡也忽焉。一牧羊儿耳，所系如此。可见名义在人心，不可没也。

又云：羽天怀坦率，性虽暴而无诡诈之心。所短者，在自视太高，而待人寡恩。太高则自恃而不下人；寡恩则士不乐附。此亚父所以疏，韩信、陈平所以亡也。但其行事，较高帝为近正。高帝纯用谲，而羽则快直。直故不听范增，以陷高帝于险。使鸿门之甲兵，化为樽俎。谲故徇良、平之谋，而不守鸿沟之约，卒制羽于死命。呜呼！一兴一亡，若出人事，岂非天命哉？不然，睢水之三匝，何以得大风而遁？荥阳之诳楚，何以得纪信而代？微天命虽数高帝，其不为羽所歼者，几希矣！故羽自谓，天亡我，非战之罪。吾则谓：天兴汉非谲之功，亦非羽直之过也。或曰：羽之亡，在弑义帝固也。愚细思之，即不弑义帝而羽亦亡，何也？帝王应运必多佐命景从。汉不独三杰也。张良之下有陈平，萧何之下有曹参，韩信之下有彭越、英布等。而楚阃之间，概可见矣。只有一范增，亦不能用。徒欲争天下于拔山扛鼎之雄，左矣！是则羽之所以败也。苏子瞻尝谓：增不去，羽不亡。盖亦惜羽之不能用增也哉！

西藏山云：二十四之少年，与七十之老翁相遇、与八千人之子弟相遇、与四十万之兵士相遇、与美人相遇、与名马相遇，何相遇之奇？而忽与七十之老翁，怒而相离；与四十万之兵士，战而相离；与八千人之子弟，杀而相离；与美人，泣而相离；与名马哀而相离，又何相离之奇？然而相遇相合，始终不相离者，羽之事与迁之笔而已矣。

史记十传纂评卷之一　毕

史记十传纂评卷之二

外戚

自古受命，帝王及继体守文之君，非独内德茂也，盖亦有外戚之助焉。（○）吴云：总提一句。【眉批】节斋云：此序三段。首段言古人君皆有外戚之助；中段以"人能弘道"句承上，以"无如命何"句起下。无如命何句，一篇主脑。末段以太史公曰改端接首段。三代逼出汉兴，以实中段"无如命何"句。通篇滔滔汩汩，千转百折，归入命字。尤得叙论体。《儒林传叙论》可参观。【眉批】薇山云：虚领一篇之大意，通论古今之道理。夏之兴也以涂山，吴云：受命。而桀之放也以末喜。吴云：继体。殷之兴也以有娀，吴云：受命。纣之杀也嬖妲（妲）己。吴云：继体。周之兴也以姜原及大任，吴云：受命。而幽王之禽也淫于褒（褒）姒。吴云：继体。【眉批】吴云：序三代，顶受命继体之君，而一正一反，句法变化。故《易》基《乾坤》，《诗》始《关雎》，《书》美《厘降》，《春秋》讥不亲迎。【眉批】薇山云：《春秋》以下变句法。夫妇之际，人道之大伦也。礼之用唯婚姻为兢兢。夫乐调而四时和，阴阳之变，万物之统也。吴云：又补出乐，以完六经。可不慎与？（○）【眉批】薇山云："可不慎与"一句，作者微意之所在。人能弘道，吴云：根上六经。无如命（◎）何。吴云：起下"妃匹"。【眉批】薇山云："命"字，一篇眼目。【眉批】吴云：因"命"字起下两段，通贯全篇。甚哉，妃匹之爱，君不能得之于臣，（、）薇山云：好证左。父不能得之于子，况卑下乎！既欢合矣，或不能成子姓；（、）【眉批】吴云：不能成子姓，照下惠帝后、薄皇后、陈皇后、慎夫人、尹姬。能成子姓矣，或不能要其终：【眉批】吴云：不能要其终，照下戚夫人、王皇后、栗姬、王夫人、李夫人。岂非（、）命（◎）也哉？孔子罕称命，盖难言之也。薇山云：引圣语关锁。非通幽明之变，恶能识乎性命哉？（、）吴云：一论冒定全篇。

太史公曰：秦以前尚略矣，薇山云：过渡。【眉批】吴云：前列三代，此补出秦。其详靡得而记焉。汉兴，吕娥姁为高祖正后，男为太子。【眉批】吴云：吕后以本纪略。及晚节，色衰爱弛，(、)而戚夫人有宠，其子如意几代太子者数矣。及高祖崩，吕氏夷戚氏，(、)诛赵王，而高祖后宫，唯独无宠疏远者得无恙。(、)吴云：伏薄太后案。【眉批】吴云：宠者夷，疏者无恙。正见命之反复。吕后长女为宣平侯张敖妻，敖女为孝惠皇后。吕太后以重亲故，欲其生子，万方终无子，(、)【眉批】吴云：万方无子，天实为之。诈取后宫人子为子。及孝惠帝崩，天下初定未久，继嗣不明。于是贵外家，王诸吕以为辅，而以吕禄女为少帝后，欲连固根本牢甚，然无益也。(、)【眉批】吴云：连固根本足矣。又加牢甚。再三固结，唯恐不然，是妇人见识。然而有命存焉。高后崩，合葬长陵。禄、产等惧诛，谋作乱。大臣征之，天诱其统，卒灭吕氏。唯独置孝惠皇后居北宫。吴云：吕氏之仅存者耳。迎立代王，是为孝文帝，奉汉宗庙。此岂非天邪？非天命（○）（◎）孰能当之？（○）【眉批】吴云：挽上"命"字，通篇俱暗发，以此明应。

薄太后，父吴人，姓薄氏，秦时与故魏王宗家女魏媪通，生薄姬，而薄父死山阴，因葬焉。及诸侯畔秦，魏豹立为魏王，而魏媪内其女于魏宫。媪之许负所相，相薄姬，云当生天子。（○）吴云：命也。【眉批】吴云：当生天子，可幸遇矣。偏下织室，下织室，不遇矣。偏内后宫、内后宫，复遇矣。偏不得幸，三番曲折，写天命之靡常。是时项羽方与汉王相距荥阳，天下未有所定。豹初与汉击楚，及闻许负言，心独喜，因背汉而畔，中立，更与楚连和。汉使曹参等击虏魏王豹，以其国为郡，而薄姬输织室。豹已死，汉王入织室，见薄姬有色，诏内后宫，岁余不得幸。│始姬少时与管夫人、赵子儿相爱，【眉批】吴云：又出两人，衬薄姬。必以薄姬因管、赵进，乃反以一笑，成其因缘，命之奇如此。约曰："先贵无相忘。"已而管夫人赵子儿先幸汉王。汉王坐河南宫成皋台，此两美人相与笑薄姬初时约。（、）吴云：青云泥途，安可及哉？【眉批】吴云：深宫曲台，私语巧笑，默默共会，情神相通，写得微秀。汉王闻之，问其故，两人具以实告汉王。汉王心惨然，怜薄姬，是日召而幸之。（、）薄姬曰："昨暮夜妾梦苍龙据吾腹。"吴云：梦已先兆，岂非命乎？【眉批】吴云：先笑之，复怜之、幸之，写出意外。高帝曰："此贵征也，吾为女遂成之。"一幸生男，是为代王。（、）｜其后薄姬希见高祖。【眉批】吴云：复不遇矣，孰知祸兮福倚哉。高祖崩，诸御幸姬戚夫人之属，吕太后怒，皆幽之，不得出宫。而薄姬以希见故，得出，从子之代，为代王太后。（〇）太后弟薄昭从如代。代王立十七年，高后崩。大臣议立后，疾外家吕氏强，皆称薄氏仁善，故迎代王，立为孝文皇帝，而太后改号曰皇太后，（〇）弟薄昭封为轵侯。薄太后母亦前死，【眉批】吴云："亦"字顶父死会稽。葬栎阳北。于是乃追尊薄父为灵文侯，会稽郡置园邑三百家，长丞已下吏奉守家，寝庙上食祠如法。而栎阳北亦置灵文侯夫人园，如灵文侯园仪。薄太后以为母家魏王后，吴云：应前。【眉批】吴云：写得外家隆重，几与高帝相同。早失父母，其奉薄太后诸魏有力者，于是召复魏氏，及专赏赐，各以亲疏受之。薄氏侯者凡一人。（、）吴云：薄氏一侯。薄太后后文帝二年，以孝景帝前二年崩，葬南陵。以吕后会葬长陵，故特自起陵，近孝文皇帝霸陵。｜

窦太后，赵之清河观津人也。吕太后时，窦姬以良家子入宫侍太后。【眉批】吴云：序法前后俱一样住，以作章法。太后出宫人以赐诸王各五人，窦姬与在行中。窦姬家在清河，欲如赵，近家，请其主遣宦者吏：【眉批】吴云：因遣而请，因请而误，因误而怨，乃至独幸。五层折，因缘福泽，皆在误中。非人之所能为也。"必置我籍赵之伍中。"宦者忘之，误置其籍代伍中。籍奏，（、）诏可当行。窦姬涕泣，怨其宦者，不欲往，相强乃肯行。至代，代王独幸窦姬，（、）【眉批】吴云：二十四字作九句，情事乃尽。生女嫖，后生两男。而代王王后生四男。先代王未入立为帝而王后卒。后代王立为帝，而王后所生四男更病死。孝文帝立数月，公卿请立太子，而窦姬长男最长，立为太子。立窦姬为皇后，女嫖为长公主。其明年，立少子武为代王，已而又徙梁，是为梁孝王。【眉批】吴云：不有所废，其能兴乎？纯写天道。窦皇后亲早卒，葬观津。于是薄太后乃诏有司追尊窦后父为安成侯，母曰安成夫人。【眉批】吴云：隆重外家，遂成故事。令清河置园邑二百家，长丞奉守，比灵文园法。

　　窦皇后兄窦长君，弟曰窦广国，字少君。少君年四五岁时，家贫，为人所略卖，其家不知其处。传十余家，至宜阳，为其主入山作炭，寒卧岸下百余人，岸崩，尽压杀卧者，少君独得脱，不死。自卜数日当为侯，【眉批】吴云：死而生，生而侯，人生堕地，生死贵贱，恶能有主哉？又以二十八字，作十短句。从其家之长安。闻窦皇后新立，家在观津，姓窦氏。广国去时虽小，识其县名及姓，又常与其姊采桑堕，用为符信，（）上书自陈。窦皇后言之于文帝，召见，问之，具言其故，果是。【眉批】吴云：果是又作一顿。两层写，极其曲折，又作十六短句。此段俱以短句胜。又复问他何以为验？对曰："姊去我西时，与我决于传舍中，丐沐沐我，请食饭我，乃去。"（）于是窦后持之而泣，泣涕交横下。侍御左右皆伏地泣，助皇后悲哀。（○）【眉批】吴云：又于旁人，形容一句。极写其生死离别，骨肉乍逢，真堪一恸。乃厚赐田宅金钱，封公昆弟家于长安。绛侯、灌将军等曰："吾属不死，命乃且县此两人。两人所出微，不可不为择师傅宾客，又复效吕氏大事也。"【眉批】薇山云：以绛灌之言，收上。作"炭"、"采桑"，皆微字。于是乃选长者士之有节行者与居。窦长君少君由此为退让君子，不敢以尊贵骄人。（）窦皇后病，失明。文帝幸邯郸，慎夫人、尹姬，皆毋子。【眉批】吴云：又点二人，衬一句，所云实命不犹也。孝文帝崩，孝景帝立，乃封广国为章武侯。长君前死，封其子彭祖为南皮侯。吴楚反时，窦太后从昆弟子窦婴，任侠自喜，将兵，以军功为魏其侯。<u>窦氏凡三人为侯。</u>(、)吴云：窦氏三侯。<u>窦太后好黄帝老子言，帝及太子诸窦，不得不读黄帝老子，尊其术。</u>(、)【眉批】薇山云：窦氏不为吕氏者，因绛、灌辅导之功，与好黄老言。窦太后后孝景帝六岁，建元六年崩，合葬霸陵。<u>遗诏尽以东宫金钱财物赐长公主嫖。</u>【眉批】吴云：与前一样序，又以"遗诏"作一波。

王太后，槐里人，母曰臧儿。臧儿者，故燕王臧荼孙也。臧儿嫁为槐里王仲妻，生男曰信，与两女。而仲死，臧儿更嫁长陵田氏，生男蚡胜。臧儿长女嫁为金王孙妇，生一女矣，而臧儿卜筮之曰，<u>两女皆当贵。</u>(○)【眉批】薇山云：从卜筮者之言，夺既嫁生一女之女，写出妇女子之痴情。妙！因欲奇两女，乃夺金氏。金氏怒，不肯予决，乃内之太子宫。太子幸爱之，(、)生三女一男。【眉批】吴云：家常琐亵，序得楚楚。男方在身时，<u>王美人梦日入其怀。</u>(、)薇山云：应上富贵。【眉批】吴云：与苍龙梦正同。以告太子，太子曰："此贵徵也。"未生而孝文帝崩，孝景帝即位，王夫人生男。【眉批】吴云：下扬开，又入别事。先是臧儿又入其少女儿姁，儿姁生四男。薇山云：应上。景帝为太子时，薄太后以薄氏女为妃。【眉批】吴云：又点天命，以为照映。及景帝立，立妃曰薄皇后。皇后母子，母宠。薄太后崩，废薄皇后。景帝长男荣，其母栗姬。【眉批】吴云：栗姬附传。栗姬齐人也。立荣为太子。长公主嫖有女，欲予为妃。栗姬妒，而景帝诸美人，皆因长公主见景帝，得贵幸，皆过栗姬，栗姬日怨怒，谢长公主不许。吴云：倒序前事。【眉批】吴云：写栗姬之祸，凡有数层，妒怨为根，而不许长公主是第一节。长公主欲予王夫人，王夫人许之。【眉批】吴云：王夫人许长公主是第二节。长公主怒，而日谗栗姬短于景帝曰："<u>栗姬与诸贵夫人幸姬会，常使侍者祝唾其背，挟邪媚道。</u>"(、)吴云：奇语。【眉批】薇山云：谗栗姬之言，写宫闻之情态,入细微。【眉批】吴云:长公主谮是第三节。景帝以故望之。景帝常体不安,心不乐,属诸子为王者于栗姬曰:"百岁后,善视之。"栗姬怒不肯应,言不逊。景帝恚,心嗛之而未发也。【眉批】薇山云:栗姬一段是斜插。【眉批】吴云:景帝嗛之是第四节。长公主日誉王夫人男之美,景帝亦贤之,又有曩者所梦日符,(、)【眉批】薇山云:栗姬王夫人错综。【眉批】吴云:王夫人梦日符是第五节。计未有所定。王夫人知帝望栗姬,因怒未解,阴使人趣大臣立栗姬为皇后。【眉批】吴云:一路序栗姬,忘却本传,故乘此回应一笔。大行奏事毕,【眉批】吴云:大行请立,是第六节。逐层写来,觉闺房衽席,亦有戈矛。其端甚微,其祸甚烈。虽曰人事,亦天道也。曰:"'子以母贵,母以子贵',今太子母无号,宜立为皇后。"景帝怒曰:"是而所宜言邪!"遂按(案)诛大行,而废太子为临江王。栗姬愈恚恨不得见,以忧死。卒立王夫人为皇后,其男为太子,(、)【眉批】薇山云:王夫人竟为皇后。极有权谋,写出曲折。封皇后兄信为盖侯。

景帝崩,太子袭号为皇帝。尊皇太后母臧儿为平原君。封田蚡为武安侯,胜为周阳侯。

景帝十三男,一男为帝,十二男皆为王。而儿姁早卒,其四子皆为王。薇山云:应上。【眉批】吴云:儿姁序完。王太后长女号曰平阳公主,次为南宫公主,次为林虑公主。盖侯信好酒。田蚡胜贪,巧于文辞。王仲早死,葬槐里,追尊为共侯,置园邑二百家。及平原君卒,从田氏葬长陵,置园比共侯园。而王太后后孝景帝十六岁,以元朔四年崩,合葬阳陵。王太后家凡三人为侯。| 吴云:王氏三侯。

卫皇后字子夫,生微矣(○)。吴云:太史公微词,直贯至篇末。【眉批】薇山云:美人皆微,至结尾发一叹,是作者微意之所在也。盖其家号曰卫氏,出平阳侯邑。子夫为平阳主讴者。武帝初即位数岁无子。(、)平阳主求诸良家子女十余人,饰置家。武帝祓霸上还,因过平阳主。主见所侍美人，上弗说。既饮，讴者进，上望见，独说卫子夫。是日武帝起更衣，子夫侍尚衣轩中得幸。(、)【眉批】吴云：拔之侍人之中，岂非命乎？望见妙！耳目才及，精神相通。上还坐，欢甚。赐平阳主金千斤。主因奏子夫奉送入宫。子夫上车，平阳主拊其背曰："行矣，强饭，勉之！即贵，无相忘。"(、)【眉批】薇山云：妇女送别之情，如见。入宫岁余，竟不复幸。(、)吴云：亦作一顿，两节写。武帝择宫人不中用者斥出归之。卫子夫得见，涕泣请出。上怜之，复幸，遂有身，尊宠日隆。(、)【眉批】薇山云："不复幸"、"复幸"、"尊宠日隆"，文情曲折。召其兄卫长君、弟青为侍中。而子夫后大幸有宠，(、)凡生三女一男。男名据。【眉批】吴云：一段又三用短句，一篇以此胜。

初上为太子时，娶长公主女为妃。立为帝，妃立为皇后，姓陈氏，无子。【眉批】薇山云：以陈后为波。上之得为嗣，大长公主有力焉，以故陈皇后骄贵。吴云：应前王夫人、栗姬事。闻卫子夫大幸，恚，几死者数矣。上愈怒。陈皇后挟妇人媚道，其事颇觉，于是废陈皇后而立卫子夫为皇后。

陈皇后母，大长公主，景帝姊也，数让武帝姊平阳公主曰："帝非我不得立，已而弃捐吾女，壹何不自喜而倍本乎！"平阳公主曰："用无子故废耳。"陈皇后求子，与医钱凡九千万，然竟无子。(、)薇山云：含命字。【眉批】吴云：于卫后事中，追序陈后事；于陈后事中，又缴一笔，追序其求子事。总以反衬卫后，而以天命终焉。

卫子夫已立为皇后，吴云：间接。先是卫长君死，乃以卫青为将军，击胡有功，封为长平侯。青三子在襁褓中，皆封为列侯。及卫皇后所谓姊卫少儿，【眉批】吴云：所谓姊，与盖其家号曰：卫氏。尖毒乃尔。少儿生子霍去病，以军功封冠军侯，号骠骑将军。青号大将军。立卫皇后子据为太子。卫氏枝属以军功起家，五人为侯。(、)｜吴云：卫氏五侯。【眉批】吴云：写一时勃兴如此，岂非命乎？

及卫后色衰，赵之王夫人幸，有子为齐王。王夫人早卒。而中山李夫人有宠，有男一人，为昌邑王。李夫人早卒，其兄李延年以音幸，号协律。协律者，故倡也。兄弟皆坐奸族。是时其长兄广利为贰师将军，伐大宛，不及诛，还，而上既夷李氏，后怜其家，乃封为海西侯。他姬子二人为燕王、广陵王。其母无宠，以忧死。及李夫人卒，则有尹婕妤之属，更有宠。然皆以倡见，非王侯有土之女士，不可以配人主也。【眉批】吴云：复序一段，以为余波，又借李夫人等，掉一笔，击动通篇，以见诸后皆非功臣之家，而寓慨焉。【眉批】薇山云：一结无限感慨，无限讽喻。作者微意，归着于此处，所谓百溪归于一壑者。

【总评】吴齐贤云：齐家治国，王道大端。故陈三代之得失，归本于六经。而反复感叹，以天命终焉。一论已冒定通篇。通篇虽列五家，中间隐隐以"天命"二字，挑剔照应，而神情自成一片，与有意挽合者，觉更进一层。

又云：薄氏一侯，窦氏三侯，王氏三侯，卫氏五人。以军功侯，安汉之端，已见于此。史公三致意焉。

又云：篇中多用短句，繁弦促柱，音节更佳，大珠小珠落玉盘，使人耸听。

西薇山云：拔《项羽纪》、《外戚世家》、《管晏》、《廉蔺》、《荆轲》、《淮阴侯》、《魏其武安》、《李将军》、《游侠》、《滑稽列传》为《史记》十传者，系先师森田节斋之说。先师寓三备间也，以文章气节，诱掖子弟，以故先师殁后至今，三备书生，开口谈及《史记》，动辄曰：十传、十传。余以列门下，请其十传讲义者，不鲜矣。然余之从先师于备中仓敷也，才半岁，不能听了其讲说。今应诸士之请，开讲筵，固一已之说。非谓敢传先师之说也。故其说极鲁莽。夫先师以项羽纪为传，撰拔之者。行文体裁，固列传之法格。且选家往往采之，有故也。以外戚世家为传，选拔之者，余未知其何谓也。以文之巧耶，他传巧者多矣。以事之奇耶，他传可奇者多矣。史公文多寓意，此文以有含规讽耶。他传寓意之文亦极多矣。然则一无所取而采之者，又必有故也。盖九传皆英雄豪杰，刺客任侠、壮快男子、战斗激烈之事耳。此间不可不无一笑倾国、红裙容冶之美人传也。譬犹巨杉怪松之间，点缀一朵之樱花；斩岩断壁之下，添一枝之香兰也，谓之风趣神韵矣。先师撰拔之意，果然乎否？恨不起先师于九原而质之！

史记十传纂评卷之二　毕

史记十传纂评卷之三

管晏

　　管仲夷吾者，颍上人也。【眉批】吴云：一篇以鲍叔事作主，故先点鲍叔。少时常与鲍叔牙游，鲍叔知（◎）其贤。【眉批】薇山云："知"字，全篇眼目。管仲贫困，常欺鲍叔，鲍叔终善遇之，（〇）李云：伏。【眉批】吴云：常欺鲍叔，即下分财多自予之类也。世即以为欺鲍叔耳，然于鲍叔何有哉？不以为言。已而鲍叔事齐公子小白，管仲事公子纠。及小白立，为桓公，公子纠死，管仲囚焉。【眉批】薇山云：进管仲于囚中，知越石父于缧绁。史公无限感慨。鲍叔遂进管仲。管仲既用，任政于齐，齐桓公以霸，九合诸侯，一匡天下，管仲之谋也。（〇）李云：结。管仲曰：【眉批】李云：尽情吐露，皆从至性感激而流通。一节有一节之声泪，缭绕于字里行间。学者忽作交情套语，草草读过。"吾始困时，尝与鲍叔贾，分财利多自与，鲍叔不以我（、）为贪，知（◎）我贫也。吾尝为鲍叔谋事而更穷困，鲍叔不以我（、）为愚，知（◎）时有利不利也。吾尝三仕三见逐于君，鲍叔不以我为不肖，知（◎）我不遇时也。吾尝三战三走，鲍叔不以我（、）为怯，知我有老母也。公子纠败，召忽死之，吾幽囚受辱，鲍叔不以我（、）为无耻，知我不羞小节而耻功名不显于天下也。【眉批】吴云：忽排五段，前实事既略，此虚事独详。前以紧节胜，此以排语佳，相间成文。【眉批】吴云：五"知我"连络点缀。生我者父母，（〇）知（◎）我者鲍子也。"（〇）李云：此二语有泪。【眉批】吴云：一语收得有力，缴还"知我"字。【眉批】吴云：从闲处跌宕，以赞语作结。点还"知"字收。

　　鲍叔既进管仲，以身下之。子孙世禄于齐，有封邑者十余世，常为名大夫。天下不多管仲之贤而多鲍叔能（〇）知（◎）人也。（〇）【眉批】薇山云：自"管仲曰"至"知人也"，斜插。犹白云插峰。【眉批】李云：了鲍叔案。

管仲既任政相齐，吴云：间接。【眉批】薇山云：管仲传分为二段。上半叙管鲍贫时之交、写管鲍相知之深，以赞语结之；下半实写九合一匡，管仲之功业。以区区之齐。在海滨，通货积财富国强兵，与俗同好恶。李云：治齐之纲。吴云：是管仲本旨。故其称曰：（、）"仓廪实而知礼节，衣食足而知荣辱，上服度，则六亲固。四维不张，国则灭亡。吴云：以上用韵。【眉批】吴云：一匡九合，前已总序，此又别出一头，重提再序。局法纵横，无所不可。下令如流水之原，令顺民心。"故论（、）卑而易行。【眉批】薇山云：故论云云，如赞如叙。妙在有意无意之中。俗之所欲，因而（、）予之；李云：应上。俗之所否，因而（、）去之。其为政也，善因祸而为福，转败而为功。李云：又提纲。贵轻重，慎权衡。【眉批】吴云：一部《管子》，收尽数行。搏挽之力，即"因祸为福"句。借一"因"字，生下三段。桓公实怒小姬，李云：目。南袭蔡，管仲因而（、）伐楚，【眉批】薇山云："因而"二字，如层峦累嶂，应上"以我"二字。上下二段，精彩绚烂之处。责包茅不入贡于周室。桓公实北征山戎，李云：目。而管仲因而（、）令燕修召公之政。于柯之会，桓公欲背曹沫之约，管仲因而（、）信之，【眉批】吴云：此皆一匡九合中事，又提三段别序，俱不实写。诸侯由是归齐。薇山云：管仲政略，一语尽之。故曰：（、）"知与之为取，政之宝也。"（○）【眉批】吴云：又即以《管子》语结之。缴完上节。管仲富拟于公室，有三归、反坫，齐人不以为侈。管仲卒，齐国遵其政，常强于诸侯。（、）【眉批】吴云：收完任政相齐一段，即带下作晏子过文。后百余年而有晏子焉。（、）李云：即锁即渡。【眉批】吴云：由上接下，蝉联蛇蜕。滑稽、刺客传，皆用此法。

晏平仲婴者，莱之夷维人也。事齐灵公、庄公、景公，以节俭力行重于齐。（○）李云：虚提一笔。【眉批】薇山云：重于齐、三世名显，总领晏子一世之事业，与九合一匡，相映对。既相齐，食不重肉，妾不衣帛。其在朝，君语及之，即危言；语不及之，即危行。吴云：与管仲"三飯、反坫"对。国有道，即顺命；无道，即衡命。以此三世显名于诸侯。(○)李云：虚结一笔。【眉批】李云：实事而仍虚，以虚语叙实事。欧阳志文，多用此法。越石父贤，在缧绁中。晏子出，遭之途，解左骖赎之，载归。弗谢，入闺。【眉批】吴云：二十五字，作入句。四节两对，俊永包括。【眉批】吴云：晏子一生事业，亦只数语。约略虚写，与管仲一样。久之，越石父请绝。(、)晏子憱然，摄衣冠谢曰："婴虽不仁，免子于厄，何子求绝之速也？"石父曰："不然。吾闻君子诎于不(○)知己，(◎)而信于(○)知己(◎)者。(○)吴云：一句案。方吾在缧绁中，彼不知我也。(○)吴云：一折。夫子既已感寤而赎我，是(○)知己；(◎)吴云：二折。知己(◎)而无礼，固不如在缧绁之中。"(○)吴云：三折。曲折而简尽。晏子于是延入为上客。李云：锁。

晏子为齐相，出，其御之妻，【眉批】藏山云：越石父御妻二段。此篇精彩之处，以石父之言写交谊，与鲍叔对映。以御妻之言，写重于齐、三世显名之事。而史公精神所注，在石父之一段。从门间而窥其夫。其夫为相御，拥大盖，策驷马，意气扬扬，甚自得也。(、)李云：描尽丑态。【眉批】藏山云：先叙御者之形状，迫出御妻之言。既而归，(、)其妻请去。(、)夫问其故。【眉批】吴云：亦先作一纵，石父请绝，御妻请去。作一样写。【眉批】藏山云："请绝"、"请去"二处，警策之处。妻曰："晏子长不满六尺，身相齐国，名显诸侯。今者妾观其出，志念深矣，(○)李云：倒法。【眉批】李云：曰志念、曰子之意，观外貌，而悉其心曲。此妇眼力不凡。常有以自下者。今子长八尺，乃为人仆御，然子之意自以为足，妾是以求去也。"(○)吴云：前三折，此以两对。其后夫自抑损。(、)晏子怪而问之，御以实对。晏子荐以为大夫。

太史公曰：吾读管氏《牧民》、《山高》、《乘马》、《轻重》、《九府》及《晏子春秋》，详哉其言之也。【眉批】吴云：因二子书已详言，故史公传以略胜。既见其著书,欲观其行事,故次其传。【眉批】薇山云:著书与行事错综,撇脱著书,论入行事。一结无限感慨,此赞总引经语古语为论据,执鞭字亦在经语中,尤见其妙。至其书,世多有之,是以不论,论其轶事。李云:指本传。【眉批】吴云:两人先总,下乃分。管仲,世所谓贤臣,然孔子小之。吴云:一转。岂以为周道衰微,桓公既贤,而不勉之至王,李云:一抑。乃称霸哉?吴云:二转。语曰"将顺其美,匡救其恶,故上下能相亲也"。岂管仲之谓乎?李云:一扬。【眉批】吴云:管仲论完。方晏子伏庄公尸,哭之,成礼,然后去,吴云:一转。【眉批】吴云:庄公事,亦只于赞中点。岂所谓"见义不为,无勇"者邪?李云:一抑。吴云:二转。至其谏说犯君之颜,此所谓"进思尽忠,退思补过"者哉!李云:一扬。吴云:三转。【眉批】吴云:两所谓作两样用。三"岂"字作三样用。笔有化工。<u>假令晏子而在</u>,<u>余虽为之执鞭</u>,<u>所忻慕焉</u>。(○)李云:寓意慨然。【眉批】吴云:一结悠然余韵,执鞭暗用御者事。【眉批】节斋云:此赞四段,一段双提,二段、三段分申,四段结语。无限感慨,无线烟波。

【总评】吴齐贤云:管仲、晏子,是春秋时第一流人物。功业炬赫,一时操觚之家,不知当如何铺序。史公偏只用轻清淡宕之笔,而以秀折出之。月影花香,别是一种境界。

又云:管晏事功,只用数语序过,皆于间处点染,是所同也。乃管子一传,前边点过,中嵌鲍叔一段间文,而后边散提前事重叙,如青嶂对溪,林华乱发。晏子一传,前边点过,竟不重序。后带越石御妻两段间文,即以终篇,如桃花流水,一去杳然,各出一奇妙。

又云:此篇以风致胜,无一实笔,无一呆笔。纯以清空,一气运旋。觉伯夷传犹有意为文,不若此篇水到渠成。无意于文,而天然成妙。

李晚芳云:传者详其平生言行而著之。以传其人之谓。管晏传不然,亦史公变体也。赞中所谓论其轶事是也。两传皆以誌友道交情,曰知我知己,两篇合叙联结之真谛也。太史遭刑,不能自赎,交游无救,故作此二传,寄意独深。使当时有知管仲之鲍子知之,或可劝君解免;有知越石父之晏子知之,亦可援法代赎。多鲍叔之知人,与执鞭所欣慕,皆情见乎辞矣。故落笔时,有不胜望古遥集之悲,反复抑扬。又有笔欲住,而意不住之妙。盖人之相知,贵相知心,不以贵贱患难而有间,斯足千古。故于管传,即在仲口中备言鲍子"知我"之感,慷慨淋漓,可歌可泣。知之者贤,则受知者之贤自见。晏传亦于越石父口中反言知己无礼之当绝,亦深知晏子必悔而优待之,以成一段患难相知之谊。使人至今重晏子者。越石父也。皆借宾形主之法。传首于管仲,则轻轻叙其出处大意,后又概写其为相才略。疏疏落落,不脱不粘。于晏子,亦虚虚首括其立身行事之概。末则纪荐御一事,见其不遗片长。于其所著《霸君》、《显君》之书,在赞中开手。即一笔提全,点滴不漏。寥寥轶事,遂令两人全身,活见于尺幅间。虽不详其平生言行,而平生言行无不毕见,是变仍不失其正者也。唐荆川所谓"神化者"欤。

西藏山云:管晏之著书事业,既脍炙人口,以其著书而立传乎?既属陈腐,以其事业而立传乎?又既陈腐,于是轻轻着笔,避繁就简,去杂取粹。虚写旁写,而其人之伟勋大业,明明显出;志气精神,跃跃跳出,真个传神之妙技。

史记十传纂评卷之三　毕

史记十传纂评卷之四

廉颇蔺相如

廉颇者，<u>赵之良将也</u>。（○）薇山云：一语以赞起。【眉批】李云：合传起处，两两提明，后串序二人事，或分或合，文有体裁。<u>赵惠文王十六年</u>，(、)【眉批】薇山云：通篇以赵王年号为经。示四人皆关赵王之盛衰兴亡。廉颇为赵将伐齐，大破之，薇山云：即良将。取晋阳，拜为<u>上卿</u>，<u>以勇气</u>(、)闻于诸侯。｜李云：传主。【眉批】薇山云：拜上卿，以勇闻，形出相如之贱人。蔺相如者，赵人也，为赵<u>宦者</u>(、)<u>令缪贤舍人</u>。(、)｜李云：暗伏关节。【眉批】吴云：先提勇气，伏争功之根；上卿舍人，是争功之案。【眉批】薇山云：宦者已贱，为其舍人尤贱，一贵一贱，对比而起。

赵惠文王时，得楚和氏璧。（◎）秦昭王闻之，使人遗赵王书，愿以十五城请易璧。（◎）赵王与<u>大将军</u>(、)吴云：映廉颇。【眉批】吴云：廉颇、蔺相如双起，后即撇却廉颇，直接入相如传。廉颇诸大臣谋：欲<u>予</u>（◎）秦，秦城恐不可得，徒见欺；欲勿予，（◎）即患秦兵之来。<u>计未定</u>，(、)求人可使（◎）报秦者，<u>未得</u>。(、)宦者令缪贤曰："<u>臣舍人</u>(、)<u>蔺相如可使</u>。"（◎）【眉批】吴云：句句以两人相形对照。【眉批】薇山云：大将军云云接入实事，何等郑重。【眉批】薇山云："欲予"、"欲勿予"，一正一反。"计未定"、"未得"，曲折顿挫，迫出相如。【眉批】薇山云：以缪贤之口，叙出相如贱时。【眉批】吴云：先设一疑案难决，以见廉颇不如相如，满朝大臣不如相如。愧与妒并。此争功之所由来也。王问"何以知之？"李云：一问精细。对曰："臣尝有罪，窃计欲亡走燕，臣舍人相如止臣，曰：'君何以知燕王？'臣语曰：'臣尝从大王与燕王会境上，燕王私握臣手曰"愿结友"。以此知之，故欲往。'相如谓臣曰：'<u>夫赵强而燕弱</u>，<u>而君幸于赵王</u>，<u>故燕王欲结于君</u>。今君乃亡赵走燕，<u>燕畏赵</u>，<u>其势必不敢留君</u>，<u>而束君归赵矣</u>。李云：堪破世情。君

不如肉袒伏斧质请罪，则幸得脱矣。'（、）臣从其计，大王亦幸赦臣。臣窃以为其人勇士，有智谋，宜可使。"（○）李云：赞亦专发此句。【眉批】吴云：欲入报秦，偏放开说间事，欲合故纵之法也。【眉批】李云：就一事，看出相如智勇眼力不凡。相如屈身事之，必非无意也。【眉批】吴云：一篇大文，必有引起。所谓江河之滥觞，燎原之荧荧也。【眉批】吴云：其人勇士云云，照下持璧睨柱，十步减秦王。【眉批】吴云：有智谋云云，照完璧归赵。【眉批】薇山云：借贤之口，赞以勇士智谋。于是王召见，问蔺相如曰："秦王以十五城请易寡人之璧，可予不？"相如曰："秦强而赵弱，不可不许。"（○）王曰："取吾璧，不予我城，奈何？"相如曰："秦以城求璧（◎）而赵不许，曲在赵。赵予璧而秦不予赵（◎）城，曲在秦。（○）【眉批】李云：使曲在秦，而直在赵，则赵之气壮，而秦之气夺矣。后之睨柱碎璧，秦不能强取，完璧归赵。秦不能加诛，定于此一言，谋人国事，当具此识。【眉批】李云：以曲予秦，得胜在此。均之二策，宁许以负秦曲。"（○）【眉批】吴云：宁许云云，两议明确，而句法简劲。王曰："谁可使（◎）者？"相如曰："王必无人，臣愿奉（○）璧（◎）往使。（○）李云：慨然自任。城入赵而璧（◎）留秦；城不入，臣请完（○）璧（◎）归赵。"（○）| 李云：已定主。【眉批】吴云：完璧归赵云云，只四字满绽之极。一篇文字，俱从此出。

赵王于是遂遣相如奉璧西入秦。【眉批】薇山云："奉璧西入秦"，读至此，下段相如一身之存亡，赵一国之安危，何如落着。使读者栗栗危惧不安，况于当时之君臣乎？秦王坐章台见相如，相如奉璧（◎）奏秦王。【眉批】薇山云：坐章台，奉璧秦王，何等郑重森严。秦王大喜，传以示美人及左右，左右皆呼万岁。（○）【眉批】吴云：先装点一番，写得秦王极喜，而后翻跌出来，为下文生色。相如（○）视（◎）秦王无意偿赵城，（○）李云：明眼看破。乃前曰：（、）"璧（◎）有瑕，请指示王。"李云：确智。王授璧，（◎）相如因持（○）璧（◎）却立，倚（○）

柱，(◎)怒发上冲冠，(○)李云：入手，岂轻放过？【眉批】薇山云：乃前，即勇曰璧有瑕，即智谋。王授璧云云，运其智谋勇略处，间不容发。谓秦王曰："大王欲得璧，(◎)使人发书至赵王，【眉批】李云：自逃自解，词令最曲，讽刺最深。赵王悉召群臣议，皆曰'秦贪，负其强，以空言求璧，(◎)偿城恐不可得'。【眉批】李云：借他人之口骂之。议不欲予(◎)秦璧。(◎)臣以为布衣之交尚不相欺，况大国乎！(、)【眉批】薇山云：以布衣交反映，辞令之妙。且以一璧(◎)之故逆强秦之欢，不可。于是赵王乃斋戒五日，(、)使臣奉璧，(◎)拜送书于庭。何者？严大国之威以修敬也。今臣至，大王见臣列观，礼节甚倨；得璧，传之美人，以戏弄臣。吴云：此应斋戒一段。【眉批】薇山云：以一璧之故，强秦云云；严大国之威云云，辞令当如此。【眉批】吴云：已议过两番，反于对秦王时，淋漓曲尽，而又字字急切。盖此时不得不急，不得不直也。【眉批】吴云：忽入斋戒，奇。是一时匆忙，随口撰出，玩弄秦王如见。【眉批】吴云：何者云云，随口撰出，又即找一句以实之，写得相如应变之才，敏妙如此。臣观大王无意偿赵王城邑，李云：直说。故臣复取(、)璧。(◎)吴云：此应偿城一段。大王必欲急臣，臣头今与璧俱碎于柱矣！"吴云：急节语，有声有色。相如持其璧睨柱，欲以击柱。秦王恐其破(○)璧，(◎)吴云：又描一笔，神色如生。【眉批】吴云：倚柱、睨柱、欲击柱。妙！【眉批】吴云："恐其破璧"云云。秦王只此四字，已为相如拿定。上之倚柱，下之斋戒，俱从此出。【眉批】薇山云：秦王恐云云，秦王之机智明敏，又写出如睹其肺肝。上视无意，此处相如"度"、"视"字、"度"字，可见相如之智勇。乃辞谢固请，召有司案图，指从此以往十五都予赵。相如度秦王特以诈佯为予赵城，实不可得，(○)吴云：又度一番，顿一顿。妙！【眉批】吴云：此秦王辞谢，为璧故也。【眉批】吴云：此相如固请，为城故也。乃谓秦王曰："和氏璧，(◎)天下所共传宝也，赵王恐，不敢不献。赵王送璧时，斋戒五日，今大王亦宜斋戒五日，(、)【眉批】吴云：前计无复之，撰出一赵王斋戒。此计无复之，又撰出一秦王斋戒。写相如心地玲珑，立刻变化。设九宾于廷，臣乃敢上璧。"（◎）秦王（○）度（◎）之，终不可强夺，（○）【眉批】吴云：相如之勇，反在秦王眼中看出。遂许斋五日，（、）舍相如广成传。舍相如（○）度（◎）秦王虽斋，决负约不偿城，（○）【眉批】吴云：两人用术，各不相下。而又默默相喻，神情如见。乃使其从者衣褐，怀其璧，从径道亡，归（○）璧（◎）于赵。（○）李云：璧去身留，饶有胆智。【眉批】吴云：度秦王第三番，极写相如。【眉批】薇山云：秦王终取败局。【眉批】吴云：因"完璧"二字，遂一路写奉璧、授璧、持璧、得璧、求璧、取璧、送璧、上璧，归至怀璧，归璧而止多小错落。

秦王斋五日（、）后，乃设九宾礼于庭，引赵使者蔺相如。【眉批】吴云：前一番传观万岁，衬下文之一笑，此斋戒九宾，又衬下文之一笑。极写秦王，正极写相如也。相如至，谓秦王曰："秦自缪公以来二十余君，未尝有坚明约束者也。臣诚恐见欺于王而负赵，故令人持（○）璧（◎）归，间至赵矣。吴云：所以斋戒必五日也。（○）且秦强而赵弱，大王遣一介之使至赵，赵立奉（、）璧（◎）来。今以秦之强而先割十五都（、）予（◎）赵，赵岂敢留（、）璧（◎）而得罪于大王乎？（、）【眉批】薇山云：先割云云，议论紧要，处置着落之处。臣知欺大王之罪当诛，臣请就汤镬，唯大王与群臣孰计议之。"秦王与群臣相视而嘻。（○）【眉批】吴云：一折更妙，遂令秦王钳口。【眉批】薇山云：所谓勇者唯有如此决心而已。论赞势不过诛，即是之谓也。左右或欲引相如去，秦王因曰：吴云：英雄转念。【眉批】吴云：写秦王一时不快，无可奈何光景。且连日斋戒，引见心事，俱于此四字中现出。"今杀相如，终不能得璧（◎）也，而绝秦赵之欢，不如因而厚遇之，使归赵，赵王岂以一璧（◎）之故欺秦邪！"卒廷见相如，毕礼而归之。│李云：非大所望。【眉批】薇山云：此勇壮之一段，下怯懦一段之伏。相如既归，赵王以为贤大夫使不辱于诸侯，拜相如为上大夫。秦亦不以城（○）予（◎）赵，赵亦终不

（○）予（◎）秦（○）璧。（◎）｜薇山云：收"予"字。【眉批】薇山云："秦亦"、"赵亦"，两两相对，以有一人也。【眉批】吴云：秦亦云云，以上几许事，只用两语结尽。

其后秦伐赵，拔石城。明年，复攻赵，杀二万人。【眉批】吴云：二事是璧上余波。【眉批】薇山云：拔石城，杀二万人，示秦强赵弱，下衬使弱赵强。秦王使使者告赵王，欲与王为好会于西河外渑池。赵王畏秦，欲毋行。【眉批】薇山云："欲毋行"一顿，迫出下文。廉颇、蔺相如吴云：又带廉颇。计曰："王不行，示赵弱且怯也。"（○）【眉批】李云：又起一难。【眉批】吴云：如许大事，只一句。前璧议多，此不得不略也。赵王遂行，相如从。廉颇送至境，与王诀曰："王行，度道里会遇之礼毕，还不过三十日。三十日不还，则请立太子为王，（○）以绝秦望。"（○）吴云：只四字，写得坚决。【眉批】李云：颇一战将耳，乃能为此决词，是与吕饴甥称立围以谢秦。于忠肃爰立郕王以拒也先。同一定见，岂得徒以战将目之哉？王许之，遂与秦王会渑池。秦王饮酒酣，曰："寡人窃闻赵王好音，请奏瑟。"赵王鼓瑟。秦御史前书曰"某年月日，秦王与赵王会饮，令赵王鼓瑟"。（、）李云：骄倨之甚。【眉批】吴云：先写秦人得志，以反衬相如。蔺相如前曰："赵王窃闻秦王善为秦声，请奏盆缻秦王，以相娱乐"。秦王怒，不许。于是相如前进缻，李云：壮甚。因跪请秦王。秦王不肯击缻。（○）【眉批】吴云："不许"、"不肯"，作两番写，迫出下文。相如曰："五步之内，相如请得以颈血溅大王矣！"李云：何词之厉！【眉批】李云：侃侃烈烈，气盛词雄，绘出相如，容声活活欲动，如见如闻。左右欲刃相如，吴云：应前。相如张目叱之，左右皆靡。（○）李云：何气之雄！【眉批】吴云：前奉璧时，止暗写相如之勇，至此则明写。于是秦王不怿，（○）为一击缻。相如顾召赵御史书曰"某年月日，秦王为赵王击缻"。（、）李云：不减一毫。【眉批】吴云：不许、不肯、不怿，相照。秦之群臣曰："请以赵十五城为秦王寿"。（、）蔺相如亦曰："请以秦之咸阳为赵王寿。"(、)【眉批】吴云：前写秦御史，今但写相如。【眉批】吴云：一鼓瑟、一击缻、秦御史书、赵御史书，两两相对。秦王竟酒，终不能加胜于赵。赵亦盛设兵以待秦，秦不敢动。｜（○）李云：住法劲。【眉批】吴云：十五城余波。【眉批】吴云："秦王寿"、"赵王寿"，又作两对。【眉批】吴云：不予城、不予璧，以秦赵双结，此亦秦赵双结，以两对终。

既罢归国，以相如功大，拜为上卿，位在廉颇之右。李云：串入。廉颇曰："我为赵将，有攻城野战之大功，吴云：廉颇事只虚写。【眉批】吴云：盛设兵补序。而蔺相如徒以口舌为劳，而位居我上，且相如素贱人，吾羞不忍为之下。"吴云：一顿作势。【眉批】薇山云：以廉颇相如双起。忽撇廉颇入相如，又忽廉颇相如计日云云双叙；撇廉颇入相如，又忽位在廉颇之右云云，廉颇相如双叙。宣言曰："我见相如，必辱之。"相如闻，不肯与会。相如每朝时，常称病，不欲与廉颇争列。（○）李云：以大度容之。已而相如出，望见廉颇，相如引车避匿。（○）李云：善居功，善解纷。【眉批】薇山云：廉颇，赵之良将也。先虚领之，今以颇之口，叙出有攻城野战之大功。【眉批】薇山云：相如之智勇，不在奉璧使秦从赵王叱秦王之处，而在此卑怯恐惧之处。写其智勇，愈出愈妙。【眉批】薇山云：不肯与会、不争列、避匿，为三层写之。于是舍人相与谏曰："臣所以去亲戚而事君者，徒慕君之高义也。今君与廉颇同列，廉君宣恶言，而君畏匿之，恐惧殊甚，且庸人尚羞之，况于将相乎！臣等不肖，请辞去。"蔺相如固止之，曰：（○）"公之视廉将军，孰与秦王？"(、)吴云：一句已定。曰："不若也。"相如曰："夫以秦王之威，而相如廷叱之，辱其群臣，相如虽驽，独畏廉将军哉？"(、)【眉批】吴云：忽写其勇，神色俱壮；忽写其怯，神色俱沮。顾吾念之，强秦之所以不敢加兵于赵者，徒以吾两人在也。（○）李云：明透之语。今两虎共斗，其势不俱生。吾所以为此者，以先国家之急而后私仇也。"【眉批】薇山云：何等勇、何等智，写相如之智勇，自始至终，都在言语口舌，又妙。【眉批】吴云：词气俱直，以实

心作实语,遂令心折,驾驭武夫,止用此法。廉颇闻之,肉袒负荆,因宾客至蔺相如门谢罪。李云:颇亦奇人。曰:"鄙贱之人,不知将军宽之至此也。"(○)【眉批】薇山云:过而能改,写廉颇之为良将不在攻城野战之处,而在此处。卒相与欢,为刎颈之交。(◎)|薇山云:又双收。【眉批】李云:一篇锁钮,是两人合传。

是岁(、)廉颇东攻齐,破其一军。居二年,廉颇复伐齐几,拔之。后三年,廉颇攻魏之防陵、安阳,拔之。后四年,(、)蔺相如将而攻齐,至平邑而罢。吴云:又提相如。其明年,赵奢破秦军阏与下。(、)|吴云:倒提一句,即接入赵奢事。【眉批】薇山云:曰攻、曰破、曰伐、曰拔之、曰攻、曰拔,又曰攻、曰破,皆虚写廉蔺之功。【眉批】吴云:单序廉颇,复留未完,插入赵奢赵括,而廉颇一传,止杂于相如、二赵之间,主客不分,合成奇作。【眉批】薇山云:是岁、居二年、后三年、后四年、其明年、赵奢云云,接续之处,使人不觉。

赵奢者,赵之田部吏也。(○)【眉批】薇山云:"廉颇者,赵之良将也";"赵奢者,赵之田部吏也";"李牧者,赵之北边良将也"。三人皆以赞语或所长起,而相如惟以赵人起。四人中,史公所尤重在相如,故以赞语所长不起,而至论赞,撇脱三人,赞相如一人。取舍详略,可见作者微意之所在。收租税而平原君家不肯出,赵奢以法治之,杀平原君用事者九人。平原君怒,将杀奢。奢因说曰:"君于赵为贵公子,今纵君家而不奉公,则法削,法削则国弱,国弱则诸侯加兵,诸侯加兵是无赵也,君安得有此富乎?以君之贵,奉公如法,则上下平,上下平则国强,国强则赵固,而君为贵戚,岂轻于天下邪?"吴云:一正一反,俱用顶语。平原君以为贤,言之于王。王用之治国赋,国赋大平,民富而府库实。(○)|秦伐韩,军于阏与。吴云:遥接前阏与事。王召廉颇而问曰:"可救不?"对曰:"道远,险狭难救。"又召乐乘而问焉,乐乘对如廉颇言。【眉批】薇山云:层累来,忽二句赞其功。【眉批】吴云:夹序廉颇作

客。【眉批】薇山云：召廉颇云云，针线。又召问赵奢，【眉批】吴云：又请一客，陪廉颇。奢对曰："其道远险狭，譬之犹两鼠斗于穴中，将勇者胜。"（〇）【眉批】薇山云："将勇者胜"，直以赵奢之言为提纲，叙奢之为勇将。王乃令赵奢将救之。吴云：应将勇句。兵去邯郸三十里，【眉批】吴云：始出国门。而令军中曰："有以军事谏者死。"（〇）【眉批】吴云：来得突兀，逼出奇文。秦军军武安西，秦军鼓噪勒兵，武安屋瓦尽振。军中候有一人言急救武安，（、）赵奢立斩之。（〇）【眉批】薇山云：治国赋以法，治军士亦以法，入相出将，皆以法。【眉批】吴云：写得一急甚，一缓甚，文家作色处。坚壁，留二十八（、）日不行，复益增垒。秦间来入，赵奢善食而遣之。间以报秦将，秦将大喜曰："夫去国三十里而军不行，乃增垒，阏与非赵地也。"【眉批】吴云：坚壁留矣，又找两句，若万万不出者，正史公著色语。赵奢既已遣秦间，乃卷甲而趋之，二日一夜至，（〇）【眉批】吴云：方扬开，急劈头接入，令人一惊。【眉批】薇山云：二日一夜，对二十八日。令善射者去阏与五十里（、）而军。军垒成，秦人闻之，悉甲而至。【眉批】吴云：照上增垒。军士许历请以军事谏，（〇）吴云：正与军候相应。【眉批】吴云：欲急故缓，欲缓故急；缓则缓极，急则急极。兵法如是，文法如是。赵奢曰："内之。"（〇）许历曰："秦人不意赵师至此，其来气盛，将军必厚集其阵以待之。不然，必败。"赵奢曰："请受令。"（〇）许历曰："请就铁质之诛。"赵奢曰："胥后令（〇）邯郸。"许历复请谏，（〇）曰："先据北山上者胜，后至者败。"赵奢许诺，（〇）即发万人趋之。秦兵后至，争山，不得上，赵奢纵兵击之，大破秦军。秦军解而走，遂解阏与之围而归。（、）【眉批】薇山云：必也叙奢之军略，今反以许历之计写之，避实就虚，史公惯手。赵惠文王赐奢号为马服君，以许历为国尉。赵奢于是与廉颇、蔺相如同位。（〇）薇山云：针线关锁。【眉批】吴云：又点廉颇相如，并应争位事，以成一笑。

后四年，赵惠文王卒，子孝成王立。(、)七年，秦与赵兵相距长平，时赵奢已死，而蔺相如病笃，(○)【眉批】薇山云：赵、蔺二人，一已死，一病笃，入廉颇，叙其为赵之良将。【眉批】吴云：闲闲一笔结完相如，此后胶柱云云，乃相如病笃中语，而从此相如不复见矣。赵使廉颇将攻秦，秦数败赵军，赵军固壁不战。秦数挑战，廉颇不肯。(○)吴云：先提明一句后序。赵王信秦之间。秦之间言曰："秦之所恶，独畏马服君赵奢之子赵括为将耳。"赵王因以括为将，代廉颇。蔺相如曰："王以名使括，若胶柱而鼓瑟耳。括徒能读其父书传，(、)不知合变也。"(○)【眉批】吴云：因赵奢复点相如，趁手接入廉颇，后又引廉颇接入赵括，穿插之妙。赵王不听，遂将之。吴云：正忙时顿住。赵括自少时学兵法，言兵事，以天下莫能当。吴云：再序赵括事。【眉批】薇山云：叙善战之良将，以不战、不战者，乃所以为良将也。下忽以轻战之赵括反衬廉颇。【眉批】薇山云：以相如之言，形廉颇之为良将，其所以为良将者，以合变也。合变者，不肯战也。尝与其父奢言兵事，奢不能难，然不谓善。括母问奢其故，吴云：带出括母。奢曰："兵，死地也，而括易言之。使赵不将括即已，若必将之，(、)破赵军者必括也。"(○)|【眉批】薇山云：读父书、与父奢言云云，针线。及括将行，其母上书言于王曰："括不可使将。"【眉批】吴云：画出一罱陵少年气习。王曰："何以？"对曰：【眉批】薇山云：赵奢已死，此处追叙变法。"始妾事其父时，为将，身所奉饭饮而进食者以十数，所友者以百数，大王及宗室所赏赐者，尽以予军吏士大夫，受命之日，不问家事。今括一旦为将，东向而朝军吏，无敢仰视之者，王所赐金帛，归藏于家，而日视便利田宅可买者买之。(、)王以为何如其父？父子异心，愿王勿遣。"(○)【眉批】薇山云：斜插括少时，先断其必败。【眉批】薇山云：上书言：括不可使将，以兵死地也云云之言，别出见解尤妙，然竟奢之遗事。又追叙之变法。【眉批】吴云：反间一句，下又找一句，收完父子两项。王曰："母置之，吾已决矣。"括母因曰："王

终遣之,即有如不称,妾得无随坐乎?"【眉批】吴云:母不述父语,别出见解。【眉批】薇山云:不断得失贤愚,何如其父,一顿,然后断王勿遣。又以无随坐,确其断,主客错综,曲折极妙。【眉批】薇山云:断括之败,以相如、赵奢、赵母三人之言。王许诺。赵括既代廉颇,悉更约束,易置军吏。(○)吴云:应易言兵。秦将白起闻之,纵奇兵佯败走,而绝其粮道,分断其军为二,士卒离心。吴云:应军吏无敢仰视。四十余日,军饿,赵括出锐卒自搏战,秦军射杀赵括。括军败,数十万之众,遂降秦,秦悉坑之。赵前后所亡凡四十五万。【眉批】薇山云:前后所亡四十五万一束,是见相如之明、廉颇之能、赵奢之贤。实叙赵括,虚写三人,归著本传。明年,秦兵遂围邯郸,岁余,几不得脱。赖楚、魏诸侯来救,乃得解邯郸之围。赵王亦以括母先言,竟不诛也。|

自邯郸围解五年,而燕用栗腹之谋,曰"赵壮者尽于长平,其孤未壮",举兵击赵。赵使廉颇将,击,大破燕军于鄗,杀栗腹,遂围燕。吴云:遥接易将事。燕割五城请和,乃听之。【眉批】薇山云:不言所亡四十五万,受围岁余,趁势收上文起下廉颇一出。杀栗腹、围燕、割城。赵又大振之功。廉颇一身之进退,关赵之存亡盛衰,所以为良将也。【眉批】吴云:结完赵括事,复入廉颇,盖赵奢、赵括,原插序于廉颇传中也。赵以尉文封廉颇为信平君,为假相国。| 廉颇之免长平归也,失势之时,故客尽去。及复用为将,客又复至。廉颇曰:"客退矣!"客曰:"吁!君何见之晚也?夫天下以市道交,君有势,我则从君,君无势则去,此固其理也,有何怨乎?"【眉批】薇山云:以客言追叙,关锁。

居六年,赵使廉颇伐魏之繁阳,拔之。【眉批】吴云:入闲事作波。赵孝成王卒,子悼襄王立,(、)使乐乘代廉颇。廉颇怒,攻乐乘,乐乘走。【眉批】吴云:前插入乐乘,为此故也。廉颇遂奔魏之大梁。其明年,赵乃以李牧为将而攻燕,拔武遂、方城。(、)【眉批】薇山云:廉颇奔魏,赵国无人。其明年,赵乃以李牧为将,接得极敏极捷,与赵奢传,格法又异。【眉批】吴云：闲中插入李牧。廉颇居梁久之，魏不能信用。赵以数困于秦兵，赵王思复得廉颇，廉颇亦思复用于赵。（○）赵王使使者视廉颇尚可用否。廉颇之仇郭开，多与使者金，令毁之。【眉批】吴云：先作两语，以为必合，而孰知反开也。赵使者既见廉颇，廉颇为之一饭斗米，肉十斤，被甲上马，以示尚可用。（○）【眉批】薇山云：悲壮淋漓。赵使还报王曰："廉将军虽老，尚善饭，然与臣坐顷之，三遗矢矣。"赵王以为老，遂不召。（○）【眉批】薇山云：为老，遂不召，卒死于寿春，老将军之英魂毅魄，归于邯郸，护赵国。

楚闻廉颇在魏，阴使人迎之。廉颇一为楚将，无功，曰："我思用赵人。"廉颇卒死于寿春。（○）【眉批】吴云：只一语，感慨之极，回望故国，黯然伤神，可抵一篇恨赋。

李牧者，赵之北边良将也。（○）【眉批】吴云：遥从上攻燕接入。【眉批】薇山云：叙为北边良将，不以勇壮之事，以敌以为怯，我亦以为怯，敌为怯我亦为怯，愈怯愈所以为勇。常居代雁门，备匈奴。以便宜置吏，市租皆输入莫府，为士卒费。日击数牛飨士，习射骑，谨烽火，多间谍，厚遇战士。为约曰："匈奴即入盗，急入收保，有敢捕虏者斩。"（○）【眉批】吴云：与赵奢军令相照。匈奴每入，烽火谨，辄入收保，不敢战。如是数岁，亦不亡失。然匈奴以李牧为怯，虽赵边兵亦以为吾将怯。（○）吴云：一顿。赵王让李牧，李牧如故。（○）吴云：再一顿。【眉批】薇山云：如故，乃以有所见。【眉批】吴云：又一层。赵王怒，召之，使他人代将。【眉批】吴云：隐照廉颇代将军。【眉批】薇山云：使他人代，初知为不战之战利，为怯如故，如故为勇。岁余，匈奴每来出战。出战数不利，失亡多，边不得田畜。吴云：应亦不失亡。复请李牧。牧杜门不出，固称疾。赵王乃复强起使将兵。牧曰："王必用臣，臣如前，（○）乃敢奉令。"王许之。李牧至，如故约。（○）吴云：应前。【眉批】薇山云：如前、如故约，乃以有所见。匈奴数岁无所得。终以为怯。

（○）吴云：又一顿。边士日得赏赐而不用，皆愿一战。(、)吴云：应市租击牛。【眉批】吴云：凡作三层，极力摇曳，以为下文生色。【眉批】吴云：而不用云云，应不得捕虏，此句束上起下。于是乃具选车得千三百乘，选骑得万三千匹，百金之士五万人，彀者十万人，悉勒习战。大纵畜牧，人民满野。匈奴小入，佯北不胜，以数千人委之。（、）吴云：终以示怯。【眉批】吴云：觉士马精强，旌旗改色，读至此，耳目为之一新。【眉批】薇山云：待有此事而已矣。单于闻之，大率众来入。李牧多为奇陈，张左右翼击之，(、)大破杀匈奴十余万骑。灭襜褴，破东胡，降林胡，单于奔走。其后十余岁，匈奴不敢近赵边城。（○）|【眉批】薇山云：一举大破，杀灭破降奔走，其后十余岁，不敢近赵边城。应北边良将。【眉批】吴云：上三以为怯，遥至此收完。

赵悼襄王元年，廉颇既亡入魏，赵使李牧攻燕，拔武遂、方城。薇山云：线上文。【眉批】吴云：又提廉颇，接前事。【眉批】薇山云：拔武遂方城，击秦军。大破秦军，走秦将，距韩魏。写李牧不啻为北边良将。居二年，庞煖破燕军，杀剧辛。后七年，秦破赵，杀(、)将扈辄于武遂城，斩首十万。赵乃以李牧为大将军，击(、)秦军于宜安，大破(、)秦军，走(、)秦将桓齮。封李牧为武安君。居三年，秦攻番吾，李牧击破(、)秦军，南距(、)韩、魏。|赵王迁七年，(、)秦使王翦攻赵，赵使李牧、司马尚御之。秦多与赵王宠臣郭开金，为反间，言李牧、司马尚欲反。吴云：应郭开间廉颇事。赵王乃使赵葱及齐将颜聚代李牧。吴云：又应廉颇代将事。李牧不受命，赵使人微捕得李牧，斩之。（○）【眉批】薇山云：使廉颇客死寿春，尚有李牧在。今又捕李牧斩之。以赵惠文王十六年，廉颇为赵良将起，以李牧斩，赵遂灭结。其人存则其国存；其人亡则其国亡。深惜廉颇、李牧之亡。笔底带泪。废司马尚。后三月，（○）王翦因急击赵，大破杀赵葱，虏赵王迁及其将颜聚遂灭赵。（◎）

太史公曰：知死必勇，非死者难也，处死者难。（○）|吴云：三

句三转。李云：立一主。【眉批】节斋云：此赞四段。一段虚论；二段言其勇；三段言其智；四段总收。谨严可法。方蔺相如引璧睨柱，及叱秦王左右，势不过诛，（○）｜吴云：妙语。【眉批】吴云：千古英雄，至于此处，看破耳。然士或怯懦而不敢发。相如一奋其气，威信敌国，【眉批】李云：抑他人，专美相如。退而让颇，名重太山，其处智勇，可谓兼之矣！（○）【眉批】薇山云：是廉、蔺、赵、李四人之传也，而题曰廉蔺列传者，何哉？曰三人皆既以所能或赞语起。蔺惟以赵之贱人起，不用一赞语，是所以赞蔺一人也。且文有避板之法，四人逐条赞之，文之所讳也。且又赵李二人传中，撇脱蔺，以廉为针线，故让赞于蔺一人，是等作者全篇结构之所在也，不可轻轻看过。

【总评】吴齐贤云：廉颇蔺相如正传也。赵奢、赵括、李牧则附传。乃廉颇、蔺相如双起，相如正写，而廉颇虚写，杂叙于中，与相如、二赵相始终，穿插极佳，主客莫辨。此又史公之别一格也。

又云：写蔺相如以易璧一事、会秦王一事、让廉颇一事，文章极妙，然犹整段写。至入赵奢以后，则纵横变化，忽而赵括，忽而廉颇，组织之妙，真无辙迹可寻。

又云：李牧一传，所以附于廉颇后，以牧亦赵将。且郭开之间，与廉颇一言耳。夫有一郭开，遂令廉颇亡、李牧斩，而赵亦以灭。诗曰：谗人罔极，交乱四国。又曰：岂弟君子，毋信谗言。夫毋信谗言者，乌得不谓之君子哉。

李晚芳云：人徒以完璧归赵、渑池抗秦二事，艳称相如，不知此一才辨之士所能耳，未足以尽相如。惟观其隐避廉颇一段议论，袛知有国，不知有己。深得古人公尔国尔之意，非大学问人，见不到，亦道不出，宜廉将军闻而降心请罪也。人袛知廉颇能用兵，能战胜攻取耳，亦未足以尽廉颇。观其与赵王决，如期不归，请立太子以绝秦望之语，深得古人社稷为重之旨。非大胆识，不敢出此言；非大忠勇，不敢任此事。钟伯敬谓：二人皆有古大臣风，斯足以知廉颇者也。篇中写相如智勇，纯是道理烂熟胸中。其揣量秦王情事，无不切中者，理也。措辞以当秦王。令其无可置喙者，亦理也。卒礼而归之，非前倨而后恭，实理顺而人服耳。观其写持璧睨柱处，须眉毕动；进瓴叱左右处，声色如生。奇事偏得奇文以传之，遂成一段奇话。琅琅于汗青隃糜间，千古凛凛。廉将军居赵事业甚多，史独纪其与王诀及谢相如二事而已，非略之也。见此二事，皆非常事，足以概廉将军矣。读此可悟作史去取之法。

西蔵山云：叙相如之智勇，不在奉璧使秦、渑池叱秦王之处，而反在避匿廉颇，畏惧怯懦之处。写廉颇之为良将，不在攻城野战之处，而反在肉袒负荆谢罪之处、赵括代将亡四十五万之处。而叙到思复用赵，思用赵人，卒死于寿春之处，写出廉颇爱国之精神。今尚如生，颇得此传神之笔，想可必瞑于地下矣。叙赵奢，在不自用，而用人言奏大功之处。略叙一生，死后借括母之言，追补平生尊师礼客不自用之遗事，叙法换其趣。叙李牧，亦在彼我皆以为怯之处，而与廉颇呼应，皆以间，或死或斩，遂灭赵。千载之悲愤，勃勃溢于纸上。

史记十传纂评卷之四　毕

史记十传纂评卷之五

荆轲

荆轲者，卫（、）人也。其先乃齐（、）人，徙于卫，卫人谓之庆卿。(、)而之燕,（、）燕人谓之荆卿。(、)|【眉批】薇山云：庆卿、荆卿，皆美称。到处有美誉，是非寻常人。荆卿好读书击剑,（◎）【眉批】吴云：写得荆卿儒雅，便不是暴虎冯河一流人。【眉批】薇山云：读书伏易水之诗，击剑伏刺秦王。以术说卫元君，卫元君不用。薇山云：好读书而屈。其后秦（、）伐卫，置东郡，徙卫元君之支属于野王。|薇山云：荆轲术若用，决无此辱。【眉批】吴云：写得荆卿先见，亦非无识之士也。

荆轲尝游过榆次，与盖聂论剑,（、）盖聂怒而目之。荆轲出，人或言复召荆卿。盖聂曰："曩者吾与论剑（、）有不称者，吾目之；试往，是宜去，不敢留。"【眉批】薇山云："怒而目之"、"吾目之"、"曩者吾目摄之，写盖聂之极勇，荆轲之极怯，为下文伏。使使往之主人，荆卿则已驾而去榆次矣。(、)薇山云：好击剑而亦屈。【眉批】吴云：正欲写荆卿勇敢，偏先写其懦怯，知柔知刚，正见荆卿之品。使者还报，盖聂曰："固去也，吾曩者目摄之！"【眉批】吴云：不知其人，观其所与，则狗屠亦非常人也。薇却一人，不著其名姓。荆轲游于邯郸，鲁句践与荆轲博，争道，鲁句践怒而叱之，荆轲默而逃去,（、）遂不复会。|【眉批】薇山云：与盖聂、句践辈，不敢较者，必深谋远虑、意志极大之人。今与相知者，相乐又相泣。全篇大波澜大精彩，自此一"泣"字生。"荆轲，卫人也，其先齐人"；"卫、燕之人，皆谓之卿"；"秦伐卫"云云，先着眼此等字，则见"泣"字之妙。下倚柱笑之伏。

荆轲既至燕，爱燕之狗屠及善击筑者高渐离。吴云：先提。荆轲嗜酒，日与狗屠及高渐离饮于燕市，酒酣以往，高渐离击筑，荆卿和而歌于市中，相乐也，已而相泣，旁若无人者。(○)吴云：奇踪奇态，着力出色写。荆轲虽游于酒人乎，然其为人深沉好书；其所游诸侯，尽与其贤豪长者相结。(〇)【眉批】吴云：酣酒高歌，固才人悲愤故态，然太过，便是市井无赖矣。故即借前好读书事，一句带转。

其之燕，燕之处士田光先生亦善待之，知其非庸人也。(〇)吴云：倒提田光作伏脉。

居顷之，会燕太子丹质秦亡归燕。【眉批】藏山云：秦伐卫，徙卫君。燕太子丹质秦，秦之威权赫赫如火。燕太子丹者，【眉批】吴云：插入序太子丹事，作附传体。故尝质于赵，而秦王政生于赵，其少时与丹欢。及政立为秦王，而丹质于秦。秦王之遇燕太子丹不善，故丹怨而亡归。(、)【眉批】藏山云：少时与欢者，一为王，一为质，加之遇之不善。盛衰之感无限，已伏荆轲之一刺。归而求为报秦王者，国小，力不能。(、)其后秦日出兵山东，以伐齐、楚、三晋，稍蚕食诸侯，且至于燕，燕君臣皆恐祸之至。【眉批】藏山云：伐齐、楚、三晋，秦之威势如燃。以其威势，向怨而亡归国力小弱之燕。以兵距之乎？兵不足敌。以国扰之乎？国不足敌。渐渐引入刺。太子丹患之，问其傅鞠武。武对曰："秦地遍天下，威胁韩、魏、赵氏，北有甘泉、谷口之固，南有泾、渭之沃，擅巴、汉之饶，右陇、蜀之山，左关、殽之险，民众而士厉，兵革有余。意有所出，则长城之南，易水以北，(、)吴云：燕地。未有所定也。奈何以见陵之怨，欲批其逆鳞哉！"(、)【眉批】藏山云：上秦伐卫，东伐齐、楚、三晋。虚写略写。至此，以鞠武之言，详说秦之土地形势，兵力强盛之实。丹曰："然则何由？"(〇)对曰："请入图之。"(〇)【眉批】吴云：作不了语，顿住。亦见一时事势如此，无可奈何之极，束手无策也。

居有间，秦将樊於期得罪于秦王，亡之燕，太子受而舍之。【眉批】藏山云：既有怨而亡归之太子，今复得罪者亡之燕，秦王之威焰果何如？鞠武谏曰："不可。夫以秦王之暴而积怒于燕，足为寒心，又况闻樊将军之所在乎？是谓'委肉当饿虎之蹊'也，祸必不振矣！虽有管、晏，不能为之谋也。【眉批】吴云：又叠一句，以见其急。愿太子疾遣樊将军入匈奴以灭口。请西约三晋，南连齐、楚，北购于单于，<u>其后乃可图也</u>。"（、）吴云：燕境极于辽水，故东无与国也。【眉批】薇山云：以鞠武之言收上。【眉批】吴云：非必真有是事，正写得无可奈何之极，逼出行刺一着耳。

太子曰："太傅之计，旷日弥久，心惛然，恐不能须臾。且非独于此也，吴云：转。夫樊将军穷困于天下，归身于丹，丹终不以迫于强秦而弃所哀怜之交，置之匈奴，是固丹命卒之时也。愿太傅更虑之。"【眉批】薇山云：太子之语，一语急于一语，语中皆孕刺客之一计。【眉批】吴云：渐渐引入行刺。【眉批】吴云：天下畏秦，莫肯容之。【眉批】薇山云：於期穷困于秦也，而今日穷困于天下。下字不苟，得罪于秦。天下无所容，乃穷困于天下也。见秦王之威焰赫赫。【眉批】吴云：兼写太子。鞠武曰："夫行危欲求安，造祸而求福，计浅而怨深，连结一人之后交，不顾国家之大害，此谓'资怨而助祸'矣。【眉批】吴云：转到太子身上，言秦不足怨。夫以鸿毛燎于炉炭之上，必无事矣。且以雕鸷之秦，行怨暴之怒，岂足道哉！燕有田光先生，<u>其为人智深而勇沈，可与谋</u>。"（、）【眉批】吴云：先说强秦二势赫奕，万万无可奈何。先出一鞠武，鞠武束手无策；方脱出一田光，田光不敢图，然后脱出荆轲。逐节写来，决不一气说出，可想笔墨之妙。太子曰："<u>愿因太傅而得交于田先生，可乎？</u>"（〇）鞠武曰："敬诺。"（〇）吴云：与下句对。出见田先生，道"<u>太子愿图国事于先生也</u>"。（、）吴云：省笔。【眉批】吴云：鞠武、田光两人，议论千余字，总是荆轲引子。荆轲一出，已尽扫矣。田光曰："敬奉教。"乃造焉。太子逢迎，却行为导，跪而蔽席。田光坐定，左右无人，太子避席而请曰："燕秦不两立，愿先生留意也。"【眉批】吴云：燕秦事势，前已详明。太子口中，不说不可，再说又累赘。只五字一句，更不多说，而文意已足。田光曰："臣闻骐骥（、）盛壮之时，一日而驰千里；至其衰老，<u>驽马</u>（、）先之。【眉批】薇山云：饿虎、雕鸷、骐骥、驽马，下字又妙。今太子闻光盛壮之时，不知臣精已消亡矣。虽然，<u>光不敢以图国事，所善</u>

荆卿可使也。"（、）【眉批】吴云：若坐图国事，何必嫌老，必田光亦刺客一流也。【眉批】薇山云：接入荆轲极敏，应田光先生，亦善待之。太子曰："愿因先生得结交于荆卿可乎？"（○）【眉批】吴云：与上句竟为对。田光曰："敬诺。"（○）即起，趋出。太子送至门，戒曰："丹所报，先生所言者，国之大事也，（、）【眉批】吴云：前坐定也。愿先生勿泄也！"田光俯而笑曰：【眉批】薇山云："俯而笑"，这老固已决死。"诺。"偻行见（○）【眉批】吴云："偻行见"，精已消亡也。荆卿，曰："光与子相善，燕国莫不知。【眉批】吴云：足见两人名士。今太子闻光盛壮之时，不知吾形已不逮也，幸而教之曰'燕秦不两立，愿先生留意也'。【眉批】吴云：太子口中说得简净，故田光口中述得简净。益知多一字不得也。光窃不自外，言足下于太子也，愿足下过太子于宫。"荆轲曰："谨奉教。"（○）【眉批】薇山云：光曰"敬奉教"，轲亦曰"谨奉教"。二人为知己者死在此三字。【眉批】吴云：与田光曰敬奉教对。田光曰："吾闻之，长者为行，不使人疑之。今太子告光曰：'所言者国之大事也，（、）愿先生勿泄'，是太子疑光也。夫为行而使人疑之，非节侠也。"（、）【眉批】薇山云：激烈以反衬荆轲激烈之事。欲自杀以激荆卿，曰："愿足下急过太子，言光已死，明不言也。"【眉批】吴云：又扭一句，击动上下。因遂自刎而死。（○）|【眉批】薇山云：悲风惨惧，杀气袭窗。【眉批】吴云：田光果刺客流也。

　　荆轲遂见太子，言田光已死，致光之言。太子再拜而跪，膝行流涕，有顷而后言曰："丹所以诚田先生毋言者，欲以成大事之谋也。今田先生以死明不言，岂丹之心哉！"|【眉批】薇山云：太子见田光，逢迎却行，跪而蔽席，避席而请。今见荆轲，再拜而跪，膝行流涕，避席顿首。一身之死生，一国之存亡，见其所托之重。【眉批】吴云：引出荆轲，田光事已竟。【眉批】吴云：田光一段，纯用对语，述语不改一字，照应生情。荆轲坐定，太子避席顿首曰："田先生不知丹之不肖，使得至前，敢有所

道，此天之所以哀燕而不弃其孤也。今秦有贪利之心而欲不可足也。非尽天下之地，臣海内之王者，其意不厌。今秦已虏韩王，尽纳其地。又举兵南伐楚，北临赵；王翦将数十万之众距漳、邺，而李信出太原、云中。赵不能支秦，必入臣，入臣则祸至燕。燕小弱，数困于兵，今计举国不足以当秦。诸侯服秦，莫敢合从。(、)【眉批】吴云：外无救援，正写得无可奈何之极。以见太子之计，亦无聊而一掷耳，不然何以至此？后人不深心读之，故言其愚。【眉批】薇山云：太子亡归之时，胸中已蓄此计。国小力弱，微现其意。与鞫武议，不敢发其言。见田光，亦不敢发其言，至此始发其言。纡余曲折，惜不发之文法。丹之私计，愚以为诚得天下之勇士，使于秦，窥以重利；秦王贪，其势必得所愿矣。诚得劫秦王使悉反诸侯侵地，若曹沫之与齐桓公，则大善矣；则不可，因而刺杀之。【眉批】吴云：三字疾转。因上是不可得之事，故转之甚捷。彼秦大将擅兵于外，而内有乱，则君臣相疑，以其间诸侯得合从，其破秦必矣。(○)吴云：应莫敢合纵。【眉批】吴云：此亦非至计，乃无可奈何之中，而算及此耳。呜呼苦矣。此丹之上愿，而不知所委命，唯荆卿留意焉。"(○)｜久之，(◎)荆轲曰："此国之大事也，臣驽下，恐不足任使。"【眉批】吴云：正见荆轲满怀不然。【眉批】吴云：非虚词，正见轲不然之意。【眉批】吴云：八字中极其勉强，荆轲已将性命付之太子，亦不能必其事之成也。正写此行不万全，本荆轲意中事。太子前顿首，固请毋让，然后许诺。(◎)于是尊荆卿为上卿，舍上舍。太子日造门下，供太牢，具异物，间进车骑美女，恣荆轲所欲，以顺适其意。【眉批】吴云：此极力写太子耳，于荆轲何有哉？

　　久之，(◎)荆轲未有行意。(○)【眉批】吴云：又下"久之"二字，"未有行意"字，正见其难。荆轲千思万算，亦无可奈何，而以性命殉太子耳。秦将王翦破赵，虏赵王，尽收入其地，吴云：应前。进兵北略地，至燕南界。太子丹恐惧，乃请荆轲曰："秦兵旦暮渡易水，则虽欲长侍足下，岂可得哉！"【眉批】吴云：写得无可奈何。【眉批】薇山云：易水以北云云、渡易水，乃易水诀别之伏。荆轲曰："微太子言，臣愿谒之。今行而毋信，则秦未可亲也。夫樊将军，秦王购之金千斤，邑万家。诚得樊将军首与燕督亢之地图，奉献秦王，秦王必说见臣，臣乃得有以报。"太子曰："樊将军穷困来归丹，丹不忍以己之私而伤长者之意，愿足下更虑之！"荆轲知太子不忍，乃遂私见樊於期（〇）【眉批】薇山云：下将写惊天动地、激烈悲愤之事。先写出惊天动地、激烈悲愤之言语。天地古今有此激烈悲愤之言语乎？今读之，尚觉杀气隐隐，腥风袭人。曰："秦之遇将军，可谓深矣，父母宗族，皆为戮没。今闻购将军首金千斤，邑万家，将奈何？"(、)吴云：一顿。於期仰天太息流涕曰：（〇）"於期每念之，常痛于骨髓，顾计不知所出耳！"【眉批】吴云：就人乞首，是不可开口事。故先作一顿，等其开口，说出"痛于骨髓"四字，便觉断首报仇，亦为易事。下又不直说，再作一顿，是设身处地，算计出来。荆轲曰："今有一言，可以解燕国之患，报将军之仇者，何如？"(、)吴云：再一顿。於期乃前曰：（〇）"为之奈何？"荆轲曰："愿得将军之首以献秦王，秦王必喜而见臣，臣左手把其袖，右手揕其匈，(、)吴云：下应。【眉批】吴云：得将军之首一句，突兀惊人。此下便作极快心语、极快心事，手舞足蹈，遂令於期心肯。然则将军之仇报，而燕见陵之愧除矣。将军岂有意乎？"(、)樊於期偏袒搤捥而进曰："此臣之日夜切齿腐心也，乃今得闻教！"遂自刭。（〇）【眉批】吴云："乃今得闻教"，是欣喜之至，尚嫌其迟也。【眉批】薇山云：以田光、於期之自刎，反衬荆轲一段之激烈。太子闻之，驰往，伏尸而哭，极哀。吴云：曲一笔。既已不可奈何，乃遂盛樊於期首函封之。

于是太子豫求天下之利匕首，得赵徐夫人匕首，取之百金，使工以药焠之，以试人，血濡缕，人无不立死者。(、)【眉批】吴云：一路来令人眼光正忙。忽于匕首上出色一番。妙甚！乃装为遣荆轲。| 燕国有

勇士秦舞阳，年十三，杀人，人不敢忤视。乃令秦舞阳为副。【眉批】吴云：写荆卿，先写其柔懦；写秦舞阳，先写其勇敢，皆反衬法也。荆轲有所待，欲与俱；其人居远未来，而为治行。顷之，未发，（◎）【眉批】薇山云："顷之"二字，应上二"久之"字，愈出愈似怯。太子迟之，疑其改悔，乃复请曰："日已尽矣，荆卿岂有意哉？丹请得先遣秦舞阳。"吴云：唐突语。【眉批】吴云：秦舞阳，已为荆轲一句断定。荆轲怒叱太子曰："何太子之遣？往而不返者，竖子也！且提一匕首入不测之强秦，（、）【眉批】吴云：夫提匕首，入强秦，应如何如何也。竟不说完，是荆卿日夜思算，万万难事，故冲口说出，而又忍住。仆所以留者，待吾客与俱。【眉批】吴云：客何如人，竟尔不传，与狗屠而二。今太子迟之，请辞决矣！"遂发。（◎）【眉批】薇山云：许诺以下，曲折几回。

太子及宾客知其事者，皆白衣冠以送之。至易水之上，既祖，取道，高渐离击筑，荆卿和而歌，为变征之声，士皆垂泪涕泣。（○）【眉批】吴云：击筑和歌，应前又点出高渐离。又前而歌曰："风萧萧兮易水寒，壮士一去兮不复还！"复为羽声慷慨，士皆瞋目，发尽上指冠。于是荆轲就车而去，（○）终已不顾。（◎）【眉批】薇山云：回顾饮于燕市之处，变换笔墨，悲壮淋漓，读至此，暗风凄雨，卷天扑地来，应上读书。【眉批】吴云：一路写来，流连悲歌，几成惜别。故皆"荆轲就车而去，终已不顾"八字。于是将万万难事不复踌躇，而性命从此一掷矣。荆轲亦从此八字中，翩然直往，如见当日。

遂至秦，【眉批】薇山云：二"久之"、"顷之"、"未发"、"遂发"、"遂至秦"，写得极郑重。持千金之资币物，厚遗秦王宠臣中庶子蒙嘉。嘉为先言于秦王曰："燕王诚振怖大王之威，不敢举兵以逆军吏，愿举国为内臣，比诸侯之列，给贡职如郡县，而得奉守先王之宗庙。恐惧不敢自陈，谨斩樊於期之首，及献燕督亢之地图，函封，燕王拜送于庭，使使以闻大王，唯大王命之。"（、）【眉批】薇山云：言言语语，战战栗栗,应上激烈悲壮之言语。伏下激烈悲壮之举动。【眉批】吴云:前写得淋漓慷慨。此处写得从容委蛇,别换一种笔墨。秦王闻之,大喜,(◎)乃朝服设九宾,见燕使者咸阳宫。(○)【眉批】吴云:写秦王大喜,正映后大怒,朝服九宾,极写其喜,以反衬也。荆轲奉樊於期头函,而秦舞阳奉地图柙,以次进。至陛,秦舞阳色变振恐,群臣怪之。荆轲顾笑舞阳,前谢曰:(○)薇山云:应上"泣"字。【眉批】吴云:借舞阳反衬荆轲神勇。"北蕃蛮夷之鄙人,未尝见天子,故振慑。愿大王少假借之,使得毕使于前。"秦王谓轲曰:"取舞阳所持地图。"轲既取图奏之,秦王发图,(、)图穷而匕首见。(○)【眉批】薇山云:读至"发图",其静如林,"图穷而匕首见"七(六)字,如电光一闪,不觉使人大声读之。因(◎)【眉批】薇山云:"因"字犹晴天霹雳一声,忽作满天暴风狂雨,山川鸣动,草木委靡,屋瓦悉振。左手把秦王之袖,而右手持匕首揕之。未至身,秦王惊,自引而起,袖绝。拔剑,剑长,操其室。时惶急,剑坚,故不可立拔。(○)吴云:凡二十九字为十句,作急语,然又详尽如此。【眉批】吴云:来得迅疾,如真有一荆轲从纸上跃起。荆轲追秦王,秦王环(○)柱(◎)而走。【眉批】吴云:荆轲逐秦王,即持匕首揕之之时,秦王环柱走,即拔剑之时也,此处不容顷刻,而偏间隔写之。群臣皆愕,卒起不意,尽失其度。(○)而(◎)【眉批】薇山云:"而"字如雨晴风歇,天地寂然无声,急脉缓受之妙法也。秦法,群臣侍殿上者不得持尺寸之兵;诸郎中执兵皆陈殿下,非有诏召不得上。方急时,不及召下兵,(、)以故荆轲乃追秦王。(○)【眉批】薇山云:"以故"二字,又急如电光击射,雨扑风动,山鸣谷应。而卒惶急,无以击轲,而以手共搏之。是时侍医夏无且以所奉药囊提荆轲也。【眉批】吴云:此时正忙,作者笔不及转,观者眼不及眨之时也。乃偏写剑长操室。又写群臣,及殿下诸郎,及夏无且。然偏不觉累坠,而一时惶急神情如见。秦王方环柱走,吴云:凡插三句,真危急之甚。卒惶急,不知所为,左右乃曰:"王负剑!"负剑,遂拔以击荆轲,断其左股。【眉批】吴云：上文太放开，故紧接秦王环柱走句，直顶上文环柱走，止是此一刻也。【眉批】吴云：此时秦王正环柱走、正剑长不可拔，故左右教王，将剑负之，乃可拔耳。一时心忙口吃，故止曰"王负剑"也。《国策》作"王负剑、王负剑"，语气犹缓。此删一"王"字，语益促，心益忙矣。荆轲废，乃引其匕首以擿秦王，不中，中桐柱。【眉批】吴云：前操剑，今始拔出前持匕首，今擿之，止此一刻间耳。【眉批】薇山云：匕首见，如电光一闪；擿秦王，如一声震雷。秦王复击轲，轲被八创。轲自知事不就，倚柱而笑，【眉批】吴云：所倚之柱，即匕首所中之柱、秦王环走之柱也。时止顷刻，地止寻大耳。箕踞以骂曰："事所以不成者，以欲生劫之，必得约契以报太子也。"于是左右既前杀轲，（○）【眉批】吴云：一笑一骂，写荆轲死生之际，从容如此。【眉批】吴云：生劫一语，正映太子所云曹沫一段。然岂荆卿意中事哉？【眉批】吴云：秦舞阳死生竟不足数。秦王不怡者良久。（◎）已而论功赏群臣，及当坐者各有差，吴云：此句收完殿上诸臣、殿下诸郎。而赐夏无且黄金二百镒，曰："无且爱我，乃以药囊提荆轲也。"吴云：此句收完夏无且。【眉批】吴云：写得秦王竟然死人。中气不得其神，已为轲所夺也。

　　于是秦王大怒，（◎）【眉批】吴云：至此方大怒，痛定思痛，秦王此时方敢出气也。【眉批】薇山云："大怒"应上"大喜"。趁势收太子、收王翦，立号为皇帝。文气顿住，如白日青天，无一片之云，伏下一小荆轲。文章断续之法。益发兵诣赵，诏王翦军以伐燕。十月而拔蓟城。燕王喜、太子丹等尽率其精兵，东保于辽东。秦将李信追击燕王急，代王嘉乃遗燕王喜书曰："秦所以尤追燕急者，以太子丹故也。今王诚杀丹献之秦王，秦王必解，而社稷幸得血食。"其后李信追丹，丹匿衍水中，燕王乃使使斩太子丹，欲献之秦。【眉批】吴云：此时之燕，刺秦王亦亡，不刺秦王亦亡，太子所以刺秦王也。诛太子亦亡，不诛太子亦亡，燕王何必诛太子哉？灭天性之恩，无救于国事。呜呼！愚矣。秦复进兵攻之。后五年，秦卒灭燕，虏燕王喜。

其明年，秦并天下，立号为皇帝。于是秦逐太子丹、荆轲之客，皆亡。高渐离变名姓为人庸保，匿作于宋子。【眉批】吴云：荆轲一段文字，奇肆极矣。故又附高渐离一段以为后劲。文章方不孤寂。【眉批】吴云：高渐离始终一击筑，故即筑上写。久之，作苦，（〇）吴云：四字中多少艰辛。闻其家堂上客击筑，傍徨不能去。（、）每出言曰："彼有善有不善。"从者以告其主，曰："彼庸乃知音，窃言是非。"【眉批】吴云：前刺秦王，写得忙乱甚矣。此又容容与与，态度蹁跹，别换一番眼界。家丈人召使前击筑，一坐称善，赐酒。【眉批】吴云：一击筑，亦作两节写。【眉批】薇山云：首尾照应，饮酒而或乐或泣或怒或歌，写出感愤不平，郁抑之士，千载如生。而高渐离念久隐畏约无穷时，乃退，出其装匣中筑与其善衣，更容貌而前。举坐客皆惊，下与抗礼，以为上客。使击筑而歌，客无不流涕而去者。宋子传客之，闻于秦始皇。秦始皇召见，人有识者，乃曰："高渐离也。"（〇）【眉批】吴云："乃"字妙，犹言此即是高渐离也。以见高渐离久在秦人之意中也。秦皇帝惜其善击筑，重赦之，乃矐其目。使击筑，未尝不称善。稍益近之，高渐离乃以铅置筑中，复进得近，举筑朴秦皇帝，不中。于是（〇）【眉批】吴云："稍近"、"复进得"近，步步逼入，决不一气写。妙！【眉批】吴云：他皆匕首，此以筑，翻出新奇。遂诛高渐离，终身不复近诸侯之人。【眉批】吴云：前出高渐离，为荆轲作波。后叙高渐离，为荆轲作衬。朴之不中，亦为荆轲之不中作照应。

鲁句践已闻荆轲之刺秦王，私曰："嗟乎，惜哉其不讲于刺剑之术也！甚矣吾不知人也！曩者吾叱之，（、）彼乃以我为非人也！"（〇）【眉批】吴云：写荆轲读书好士，而专为剑士也。惜哉甚矣。作两对句。【眉批】薇山云：刺剑应好击剑，不知人应读书。读书故其人深沉。叱之默而去，深沉之实。【眉批】吴云：借鲁句践之言，仍以荆轲结。盖以高渐离为附传也。【眉批】吴云：前盖聂、鲁句践双起，偏放过聂盖，而以鲁句践单收，是文家避呆板处。

太史公曰：世言荆轲，其称太子丹之命，"天雨粟，马生角"也，太过。（○）【眉批】吴云：天粟马角事，世所盛传，偏略之，于赞中写。又言荆轲伤秦王，皆非也。（○）【眉批】吴云：独重荆轲，是史公着眼着意处。始公孙季功、董生与夏无且游，具知其事，为余道之如是。（○）【眉批】吴云：一总。高渐离以附传不叙。自曹沫至荆轲五人，此其义或成或不成，然其立意较然，不欺其志，名垂后世，岂妄也哉！（○）【眉批】吴云：成者曹沫、专诸、聂政；不成者豫让、荆轲。【眉批】节斋云：此赞三段。上段辨俗论；中段言己所记有据；下段以数语赞五人，简劲。

【总评】吴齐贤云：刺客是天壤间第一种激烈人。刺客传是《史记》中第一种激烈文字。故至今浅读之，而须眉四照。深读之，则刻骨十分。史公遇一种题，便成一种文字，所以独雄千古。

又云：世之论人者，绝未尝设身处地，便轻易立言。不知读书，心不可不细，尤不可不虚。如世尝言荆轲行刺，反促燕亡；不知今日之燕，已具必亡之势。故史公预先序明燕秦不两立之势，于鞠武言之，鞠武再言之，太子自言之。荆轲未行之前，又提明之，盖万万计无复之。而后出行刺一着耳，岂得已哉？篇中已明，吾愿天下读书人，虚心细心。取古人之文，再三以读之也。

西薇山云：史公喜用借客形主之法，写一荆轲也。若盖聂、若句践、若屠狗者、若击筑者，若鞠武、田光、於期、舞阳，或借以形其击剑，或借以形其读书，或形其为人深沉，或形其志气慷慨。而其人之神，跃然跳出于纸上。读到燕市饮酒之处，使人或乐或泣；又读到田光、於期自刎之处，腥风满天，血雨扑地；又读到易水送别之处，悲愤郁勃，有鬼神为泣，山川亦哭之势；其入秦也，忽换其笔墨，恭顺谨慎，如鸟鸣花咲，春风暖和之候；又复读到殿上追秦王之处，使读者栗栗战战，握手汗背。又身如追者，又如逃者；如提囊者、撋刀者；

或如笑者，或如骂者；如惊者、如怒者；叙追者、叙逃者；叙提橐者、叙擿刀者；叙笑者、骂者、惊者、怒者，千绪万端。以一枝之笔，写得字字皆活，句句皆动。天地古今有此活动文字乎？

史记十传纂评卷之五　毕

史记十传纂评卷之六

淮阴侯

淮阴侯韩信者，淮阴人也。始为布衣时，贫无行，不得推择为吏，又不能(、)治生商贾，李云：虚描。常从人寄食饮，人多厌之者，｜吴云：写英雄失路。常数从其下乡南昌亭长寄食，李云：伏。数月，亭长妻患之，乃晨炊蓐食。食时信往，不为具食。(、)信亦知其意，怒，竟绝去。(○)｜【眉批】薇山云：不得为吏，不能商贾，不具食，为漂母所怒，皆使信为大业之赐也。而其为尤大赐者，一辱也。古今英雄豪杰之伟勋大业者，皆一辱之赐，即史公亦其人也。【眉批】薇山云：不得为吏，不能商贾。无能无才，唯知寄食耳。伏下大才大能，史公常着力于闲处。【眉批】吴云：不衫不履，又是一种写法。【眉批】吴云：只此是英雄本色，不是沿门乞食一流。

信钓于城下，诸母漂，有一母见信饥，饭信，李云：伏。竟漂数十日。【眉批】吴云：倒句，直至漂完，数十日皆饭信也。信喜，(◎)吴云：应前怒。谓漂母曰："吾必有以重报母。"母(○)怒(◎)曰："大丈夫不能自食，吾哀王孙而进食，岂望报乎！"(○)｜李云：有深意。【眉批】吴云：乞食而重报，便有齐王在其意中。然写漂母，更高一层。妙！【眉批】吴云：一反一正章法。【眉批】李云：不望报，直是点画信处，与圮上老人折子房同意。若佩服此言，后日必无杀身之祸。

淮阴屠中少年有侮信者，曰："若虽长大，好带刀剑，中情怯耳。"众辱(○)之曰："信能死，刺我；不能死，出我袴下。"【眉批】吴云：前乃私言，此则众中辱之，是小人形状。于是信孰视之，俛出袴下，蒲伏。一市人皆笑信，以为(○)怯。(◎)吴云：三段极写英雄失路。【眉批】吴云：出袴下辱矣，下益"蒲伏"二字。写袴下之状，极其不堪。然上有"孰视之"三字，而信之筹画已定，岂孟浪哉？

及项梁渡淮，李云：转笔。信仗剑从之，（○）【眉批】吴云：方为带刀剑出色。居戏下，无所知名。（、）吴云：一顿。项梁败，又属项羽，羽以为郎中。数以策于项羽，（○）羽不用。吴云：又一顿。【眉批】吴云：写英雄失路，无事可做，无地自容。至今读之，尚为泪下。汉王之入蜀，信亡楚归汉，未得知名，（、）李云：俱起下奇字。为连敖。坐法当斩，吴云：三顿。其辈十三人皆已斩，次至信，吴云：故作危语。信乃仰视，适见滕公，曰："上不欲就天下乎？何为斩壮士！"（○）吴云：故作奇语。【眉批】吴云：先作一挑，渐渐引入。滕公奇（◎）其言，壮其貌，释而不斩。李云：巨眼。与语，大说之。言于上，上拜以为治粟都尉，上未之（、）奇（◎）也。（、）吴云：临时又一顿，扬开。

信数与萧何语，何（、）奇（◎）之。（、）【眉批】吴云：前滕公奇之，上未之奇也。而萧何奇之，欲合未合之间，多少转折。至南郑，诸将行道亡者数十人，信度何等已数言上，上不我用，即亡。何闻信亡，不及以闻，自追之。【眉批】李云：信之亡，当是何使之，乃诈以动汉王耳。【眉批】吴云：度何已言而亡，不及以闻而追。写两人权术相照处。人有言上曰："丞相何亡。"上大（、）怒，（◎）如失左右手。（、）李云：如画。【眉批】吴云：又反写一笔，妙甚。非写萧何也。正写汉王极重萧何，而萧何极重韩信。则信为何如人哉？是固加一倍法也。【眉批】薇山云：有萧何、韩信二人，始可以为左右之手。今失一萧何，如失左右之手，未知韩信之奇也。【眉批】吴云：借何以写韩信，恐人易晓，故就何再逼入一步，然后挑剔出来。居一二日，何来谒上，【眉批】李云：暗伏沛公骂何案。上且怒（◎）且喜，骂（◎）李云：活描高帝。何曰："若亡，何也？"何曰："臣不敢亡也，臣追亡者。"上曰："若所追者谁？"何曰："韩信也。"上复骂（◎）李云：尤肖。曰："诸将亡者以十数，公无所追；追信，诈也。"【眉批】薇山云："行道亡者"、"即亡"、"闻信亡"、"何亡"、"若亡"、不亡、追亡者、诸将亡者，翻弄一字为波。【眉批】薇山云：信之为奇士，漂母知之，滕公知之，萧何知之，汉王终知之，项梁不知之，项羽终不知之。知与不知，两两对举，文自浅入深，愈出愈妙。【眉批】吴云：既说韩信、汉王，又复扬开。何曰："诸将易得耳。至如信者，国士无双。（○）【眉批】吴云：只四字极赞韩信，然他人所不能当。王必欲长王汉中，无所事信；（○）吴云：先挑一句。必欲争天下，非信无所与计事者。吴云：后跌入一句。【眉批】李云：直以取天下计属之，则非大将不足以展其长。惟何能知信，惟帝能用信。此汉业所由成也。顾王策安所决耳。"（○）王曰："吾亦欲东（、）耳，安能郁郁久居此乎？"【眉批】李云：问得激。【眉批】吴云："必欲"、"亦欲"，照应生情。何曰："王计必欲东，能用信，信即留；不能用，信终亡耳。"【眉批】吴云：又要挟一句。王曰："吾为公以为将。"【眉批】吴云："为公"是面情之语，正写汉王尚未之信。何曰："虽为将，信必不留。"王曰："以为大将。"【眉批】吴云：萧何以汉王未信，故又要挟一句，然后逼出"大将"二字。小小数语，用几许心思，文章夫岂易事？何曰："幸甚。"于是王欲召信拜之。何曰："王素慢无礼，今拜大将如呼小儿耳，此乃信所以去也。王必欲拜之，择良日，斋戒，设坛场，具礼，乃可耳。"【眉批】吴云：至此已尽致矣。又起一峰，再要挟一句，再叮咛一番，真文思飘渺。王许之。诸将皆（○）喜，（◎）人人各自以为得大将。（○）李云：衬笔佳。至拜大将，乃信也，一军皆（○）惊。（◎）【眉批】李云：未知信而喜，已知信而惊。信无重望以服人，宜其如此也。摹写众情，亦与起处相应。

信拜礼毕，上坐。王曰："丞相数言将军，将军何以教寡人计策？"【眉批】薇山云：百折千挫，至此始伸，犹千山万壑之溪水，合入长江大河。【眉批】吴云：信之拜将，千稳万妥矣。乃从四旁写来，故作惊疑。然后推出韩信，遂令直至追信一段，文章陡然出色。信谢，因问王曰："今东乡争权天下，岂非项王邪？"（○）【眉批】吴云：已将天下大势，一语断定。所谓余子碌碌，不足数也。汉王曰："然。"曰："大王自料勇悍仁强孰与

项王?"(○)【眉批】吴云:"勇悍仁强"云云,提出四字,反间一句,字字刻入汉王心中,故使开口不得。四字作三段应。汉王默然良久,曰:"不如也。"信再拜贺曰:"惟信亦以为大王不如也。(○)|李云:顺描一句,有斟酌。然臣尝事之,请言项王之为人也。【眉批】薇山云:自问王至不如也,多少曲折。"然"字一转,滔滔汩汩而流,有不可御之势。项王喑哑叱咤,【眉批】吴云:"喑哑叱咤"云云四字虽费解,然不必作何解,说来自然是一项王。妙甚。千人皆废,然不能任属贤将,此特匹夫之勇耳。(、)吴云:应"勇悍"字。【眉批】李云:淮阴登坛之对,与武侯隆中之对,皆其素所算定,冲口而出。其后如负取赏,无不应手而得,于此可观大将才识。项王见人恭敬慈爱,言语呕呕,人有疾病,涕泣分食饮,至使人有功当封爵者,印刓敝,忍不能予,此所谓妇人之仁也。(、)吴云:应"仁"字。项王虽霸天下而臣诸侯,不居关中而都彭城。吴云:一层。【眉批】李云:两句合为一人,不足与有为可知。又举措乖张,失天下心,所以决羽之必败。有背义帝之约,吴云:二层。而以亲爱王,诸侯不平。吴云:三层。诸侯之见项王迁逐义帝置江南,亦皆归逐其主而自王善地。吴云:四层。项王所过无不残灭者,吴云:五层。天下多怨,百姓不亲附,特劫于威强耳。名虽为霸,实失天下心。故曰其强易弱。(、)吴云:应"强"字。【眉批】吴云:前以三段应前四字。此又以三段紧顶上三节。一繁一简,前缓此急,正是节奏。今大王诚能反其道:任天下武勇,何所不诛!(、)以天下城邑封功臣,何所不服!(、)以义兵从思东归之士,何所不散!(、)|【眉批】李云:刘项兴亡,在此数语中。【眉批】薇山云:以三何所不字,受仁勇强,且字一转,文气进一层,单受强字。【眉批】李云:义兵二字,已先三老董公言之。且三秦王为秦将,将秦子弟数岁矣,所杀亡不可胜计,又欺其众降诸侯,至新安,项王诈阬秦降卒二十余万,唯独邯、欣、翳得脱,秦父兄怨此三人,痛入骨髓。今楚强以威王此三人,秦民莫爱也。|李云:句法。【眉批】吴云:此时之势,先定三秦,则

项羽之下，邯等三人为急。故又提出，一对论之。大王之入武关，秋毫无所害，除秦苛法，与秦民约法三章耳，秦民无不欲得大王王秦者。(○)【眉批】薇山云：重复"秦"字，论汉王得秦民之心，项羽失秦民之心，痛快切实，如麻姑搔痒，宜矣。使怨骂之汉王大喜也。于诸侯之约，大王当王关中，关中民咸知之。大王失职入汉中，秦民无不恨者。(○)李云：笔有关照。【眉批】吴云：知彼必先知己，故又内揣一句。今大王举而东，三秦可传檄而定也。"【眉批】吴云：谋成势便一句断定。天下事在掌握矣，岂非国士无双？于是汉王大喜，自以为得信晚。(○)李云：与上未之奇应。【眉批】吴云：至此才心服。具礼筑坛时，犹疑信半耳。遂听信计，部署诸将所击。吴云：虚写。【眉批】李云：信此论，决高祖必得天下，高祖听信计，亦决其能取天下。君臣道合，顾易得耶。

八月，(、)汉王举兵东出陈仓，定三秦。吴云：插汉事略。汉二年，出关，收魏、河南，韩、殷王皆降。吴云：插汉事略。合齐、赵共击楚。四月，(、)至彭城，汉兵败散而还。吴云：信击楚事略。信复收兵与汉王会荥阳，复击破楚京、索之间，以故楚兵卒不能西。
【眉批】薇山云：一出定三秦，二出收魏降韩、合齐赵，皆信之计。败而还，则收兵击楚，楚不能西，又皆信之功。叙法极简。

汉之败却彭城，吴云：插汉事略。塞王欣、翟王翳亡汉降楚，齐、赵欲反汉与楚和。六月，魏王豹谒归视亲疾，至国，即绝河关反汉，与楚约和。汉王使郦生说豹，不下。吴云：插汉魏事略。【眉批】薇山云：欲叙击赵魏之功，先叙汉之微弱，三秦王降楚，齐赵亦反汉，绝河间反，使郦生说不下，皆形其微弱，使微弱之汉，又复振强者，信之功也。其八月，以信为左丞相，击魏。魏王盛兵蒲坂，塞临晋，信乃益为疑兵，陈船欲度临晋，而伏兵从夏阳以木罂缻渡军，袭安邑。【眉批】吴云：信击虏魏王事亦略其大概。盖后欲详者，前不得不略，法当如是也。魏王豹惊，引兵迎信，信遂虏豹，定魏为河东郡。【眉批】李云：即兵法所谓攻其不备，出其不意。

汉王遣张耳与信俱，引兵东，北击赵、代。吴云：信击赵、代事略。后九月，破代兵，禽夏说阏与。【眉批】李云：信计不必无所本，亦不必有所本。因敌制胜，故为神耳。信之下魏破代，汉辄使人收其精兵，诣荥阳以距楚。李云：已有疑心。【眉批】吴云：又总结，信之与汉一体如此。

信与张耳以兵数万，欲东下井陉击赵。（〇）【眉批】吴云：至此始详序起。赵王、成安君陈馀闻汉且袭之也，聚兵井陉口，（〇）号称二十万。【眉批】薇山云：欲东下井陉，先点其地名，见其为险路。聚兵井陉口，益见其为难击。又有兵二十万，益见其难攻，况有广武君之说。见万万不可破，是等着力于闲处，为下文出色之地。广武君李左车说成安君曰："闻汉将韩信涉西河，虏魏王，禽夏说，新喋血阏与，今乃辅以张耳，议欲下赵，此乘胜而去国远斗，其锋不可当。臣闻千里馈粮，士有饥色，樵苏后爨，师不宿饱。【眉批】薇山云：此乘胜云云，以此语收上。臣闻以此语起下。【眉批】吴云：忽下成语四句，精炼有色。今井陉之道，车不得方轨，骑不得成列，行数百里，其势粮食必在其后。（、）李云：料敌如见。【眉批】薇山云：以广武君之口，说出井陉之险阻。愿足下假臣奇兵三万人，从间路绝其辎重；足下深沟高垒，坚营勿与战。彼前不得斗，退不得还，吾奇兵绝其后，使野无所掠，不至十日，而两将之头可致于戏下。愿君留意臣之计。否，必为二子所禽矣。"（、）【眉批】薇山云：韩信不直下井陉者，恐有此计也。【眉批】吴云：又重说一句，是得意之作。成安君，儒者也，（〇）常称义兵不用诈谋奇计，【眉批】李云：决胜之计，深晓兵机。【眉批】李云：序事忽插一注，奇。【眉批】吴云：写得儒者一无所用如此。曰："吾闻兵法十则围之，倍则战之。今韩信兵号数万，其实不过数千。能千里而袭我，亦已罢极。今如此避而不击，后有大者，何以加之！则诸侯谓吾怯，而轻来伐我。"【眉批】吴云：泥定兵法，绝无权变，真儒者也。【眉批】李云：赵有成安，楚有宋义，未战时，俱自负知兵，适足以自点耳。【眉批】李云：不知彼，不知己，战则必败。【眉批】李云："则"

字旋转甚捷。不听广武君策，广武君策不用。（○）李云：叠此句，为广武惜。

韩信使人间视，知其不用，还报，则大喜，乃敢引兵遂下。未至井陉口三十里，止舍。（○）【眉批】吴云：前极写广武君，不得不少抑韩信。此又写韩信用间窥破，即用广武君之策。必别有挪移变化，必不至为李左车所禽，正极扬韩信处。低昂互用，具见文心。【眉批】吴云：大喜，乃敢，又极写李左车也。【眉批】薇山云：曰"乃敢"、曰"遂下"，活机之来，间不容发。文势有骏马走千仞之埒，轻舟下急流之势。未至井陉口，止舍，一顿。夜（◎）半传发，选轻骑二千人，人持一赤帜，（、）【眉批】吴云：一段"选骑"，是明写。然故作奇语，不了了，如持赤帜奇、望赵军奇、入赵壁奇、拔帜立帜奇。从间道萆山而望赵军，诫曰："赵见我走，必空壁逐我，李云：未与赵战，先决其逐。若疾入赵壁，拔赵帜，立汉赤帜。"（、）李云：神妙。令其裨将传飧，曰："今日破赵会食！"李云：使人不测。【眉批】吴云：一段"传飧"，是暗写。先作一决，复作一疑，分外着色。诸将皆莫信，佯应曰："诺。"【眉批】李云：写得次第安详。谓军吏曰："赵已先据便地为壁，且彼未见吾大将旗鼓，【眉批】吴云：一段"旗鼓"是明写。未肯击前行，恐吾至阻险而还。"信乃使万人先行，出，背水陈。（○）李云：更奇。【眉批】吴云：一段"背水阵"，是暗写。两明两暗，装点铺排，如优人私讲剧戏，介白已定，但未知当场演出如何，令人心痒。【眉批】李云：胸中先有一背水阵。故云，破赵会食，布算如神，不使人知。故云，兵机妙在不测。赵军望见而（○）大笑。平旦，（◎）信建大将之旗鼓，鼓行出井陉口，赵开壁击之，大战良久。（○）吴云："战"字一层写。【眉批】吴云：想士马雄静，旗鼓穆渊。韩信于中精神万倍，殊可观也。此应还旗鼓段。于是信、张耳佯弃鼓旗，走水上军。（○）李云：诱敌。【眉批】薇山云：大战良久，于是云云，妙！妙！若一出直走，殆类儿戏。水上军开入之，复疾战。吴云：战作两层写。【眉批】吴云：战作三层写，不可败，正见其殊死战也。此应还水上军段。赵果空壁争汉鼓旗，逐韩信、张耳。韩信、张耳已入水上军，军皆殊死战，不可败。信所出奇兵二千骑，吴云：应选骑。共候赵空壁逐利，则驰入赵壁，皆拔赵旗，立汉赤帜二千。吴云：应还赵军。【眉批】吴云："赤帜"下再着"二千"字，见缤纷满天，耳目皆乱。赵军已不胜，不能得信等，欲还归壁，壁皆汉赤帜，而大惊，以为汉皆已得赵王将矣，（○）【眉批】吴云：应"入赵壁"、"拔帜"、"立帜"，见令明卒勇，一丝不乱。【眉批】李云：对前"大笑"。兵遂乱，遁走，赵将虽斩之，不能禁也。【眉批】吴云：又补一句，立赤帜之故，赵军大惊之故。【眉批】吴云：又一写得整暇，一写得糜乱。各得其妙。于是汉兵夹击，大破虏赵军，斩成安君泜水上，禽赵王歇。【眉批】李云：此等机谋，汉诸将所不及，为大将何愧？

信乃令军中毋杀广武君，有能生得者购千金。【眉批】李云：可知信心服广武君。【眉批】薇山云：信乃令毋杀广武君，于是间广武君曰云云，承上起下，服燕、齐一段之奇。于是有缚广武君而致麾下者，信乃解其缚，东乡坐，西乡对，师事之。（○）【眉批】李云：虚心敬礼，卒受其益处。大胜之时，岂凡将所及。【眉批】李云：大将气度。

诸将效首虏，休，毕贺，因问信曰："兵法右倍山陵，前左水泽，今者将军令臣等反背水陈，曰破赵会食，臣等不服。然竟以胜，此何术也？"（、）【眉批】吴云：拘泥兵法，便与成安君一样。【眉批】吴云：前四段止应其三，忘却传餐，却于此点出。信曰："此在兵法，顾诸君不察耳。兵法不曰'陷之死地而后生，置之亡地而后存'？李云：奇而仍法，所谓运用之妙也。【眉批】吴云：答还兵法，却不是成安君与诸将之兵法也。且信非得素拊循士大夫也，此所谓'驱市人而战之'，其势非置之死地，使人人自为战；【眉批】李云：韩信用兵使人自为战，高祖用将亦使人自为战，意略同。【眉批】李云：草泽创起，部署未定，此法最良。今予之生地，皆走，宁尚可得而用之乎！"（、）李云：深于兵法。【眉批】吴云：变化之妙，存乎一心，信之谓也。诸将皆服曰："善。非臣所及也。"【眉批】吴云：又将水上军，再解一番，疑案皆白，照应已完。

于是信问广武君曰：吴云：间接。"仆欲北攻燕，东伐齐，（○）何若而有功？"【眉批】薇山云：其攻赵也，广武君有奇策，策不用，故叙背水之奇战。其攻燕、齐也，又广武君有奇策，策用，故详叙奇策，而不叙奇战。犹望香庐峰，一香庐峰也，从其所观，异其景，换其趣。叙一攻战也，攻赵，则自有攻赵之奇；攻燕齐，则自有攻燕齐之妙。奇姿横生，异态呈露，何等巨观！广武君辞谢曰："臣闻败军之将，不可以言勇，亡国之大夫，不可以图存。今臣败亡之虏，何足以权大事乎！"吴云：故作一顿。信曰："仆闻之，百里奚居虞而虞亡，在秦而秦霸，非愚于虞而智于秦也，用与不用，听与不听也。（、）薇山云：应"不听广武君策，广武君策不用"。诚令成安君听足下计，若信者亦已为禽矣。吴云：应"两将之头致献（戏）下"。以不用足下，故信得侍耳。"吴云：又一顿。【眉批】李云：在信未必有此事，然信不可无此言。因固问曰："仆委心归计，愿足下勿辞。"【眉批】吴云：又一促，如面谈。广武君曰："臣闻智者千虑，必有一失；愚者千虑，必有一得。故曰'狂夫之言，圣人择焉'。【眉批】薇山云：上说成安君处，一气呵成。此处，有曲折，有变化。顾恐臣计未必足用，愿效愚忠。夫成安君有百战百胜之计，一旦而失之，军败鄗下，身死泜上。【眉批】吴云：又一谦正，为败军之将也。【眉批】吴云：誉成安君，反衬韩信也。今将军涉西河，虏魏王，禽夏说阏与，一举而下井陉，不终朝破赵二十万众，诛成安君。【眉批】吴云：魏、赵夹序。名闻海内，威震天下，农夫莫不辍耕释耒，褕衣甘食，倾耳以待命者。【眉批】吴云：又下姿致语。若此，将军之所长也。（、）【眉批】吴云：先扬之。然而众劳卒罢，其实难用。今将军欲举倦弊之兵，顿之燕坚城之下，欲战恐久力不能拔，情见势屈，旷日粮竭，而弱燕不服，齐必距境以自强也。【眉批】吴云：燕齐夹序。燕齐相持而不下，则刘项之权未有所分也。若此者，将军所短也。(、)│【眉批】吴云：后抑之。说得情事如见，必然之理。臣愚，窃以为亦过矣。故善用兵者不以短击长，而以长击短。"(○)【眉批】吴云：两段竟佳，故作摇曳，以尽文情。韩信曰："然则何由？"广武君对曰："方今为将军计，莫如案甲伏兵，镇赵抚其孤，百里之内，牛酒日至，以飨士大夫醳兵，北首燕路，而后遣辩士奉咫尺之书，暴其所长于燕，(○)吴云：应将军所长。燕必不敢不听从。(○)【眉批】薇山云：广武君之论，下蒯通说信之张本。广武君之策，直从之；蒯通之说，利害得失，然明白，与广武君何异？而信遂不听，听与不听又换其趣。变化无极，至文至文！燕已从，使谊言者东告齐，(○)吴云：暗伏郦生。齐必从风而服，虽有智者，亦不知为齐计矣。如是，则天下事皆可图也。兵固有先声而后实者，此之谓也。"(○)【眉批】吴云：事势已明，必又找一句，以明理之确然，无足疑者。韩信曰："善。"从其策，发使使燕，燕从风而靡。│【眉批】吴云：广武君一段已多，故说燕事略。乃遣使报汉，因请立张耳为赵王，以镇抚其国。【眉批】吴云：请立张耳，自欲得王，可知何待蹑足附耳时乎？汉王许之，乃立张耳为赵王。

楚数使奇兵渡河击赵，赵王耳、韩信往来救赵，因行定赵城邑，发兵诣汉。【眉批】吴云：又虚写一段。楚方急围汉王于荥阳，吴云：插入汉事略。汉王南出，之宛、叶间，得黥布，走入成皋，楚又复急围(、)之。【眉批】薇山云："楚方急围汉王"、"楚又复急围之"，二"急围"字；"夺印符"、"夺两人军"，二"夺"字。下汉王发怒于韩信不佐之伏渐渐迫入蒯通之一说。六月，汉王出成皋，东涉河，独与滕公俱，从张耳军修武。至，宿传舍。晨自称汉使，驰入赵壁。张耳、韩信未起，即其卧内上夺(、)其印符，以麾召诸将，易置之。信、耳起，乃知汉王来，大惊。汉王夺(、)两人军，即令张耳备守赵地。拜韩信为相国，收赵兵未发者击齐。│【眉批】吴云：写得信、耳如此之疏，正所谓退一步法，让汉王出一头地也。【眉批】薇山云：其叙战也，前有木罂之军，中有背水之阵，后有囊沙之计，以背水为精彩之处。其议论则始有坛上之议，中有广武君之论，有蒯通武涉之说，而终又有蒯通之说，始中终相呼相应，以后蒯通之说，为精彩之处。

信引兵东，未渡平原，闻汉王使郦食其已说下齐，韩信欲止。范阳辩士蒯通说信曰：吴云：先出蒯通遥伏后脉。【眉批】吴云：后云齐人，高祖亦曰齐辩士，此云范阳，恐误也。"将军受诏击齐，而汉独发间使下齐，宁有诏止将军乎？何以得毋行也！且郦生一士，伏轼掉三寸之舌，下齐七十余城，（、）藏山云：收上。将军将数万众，岁余乃下赵五十余城，（、）为将数岁，反不如一竖儒之功乎？"【眉批】吴云：两两对形，且七十余城、五十余城，自令韩信短气。于是信然之，从其计，遂渡河。齐已听郦生，即留纵酒，罢备汉守御信因袭齐历下军，遂至临菑。吴云：亦略写。【眉批】李云：齐既说服，即为汉臣。又说击齐，称懈而袭其军，致郦生于死，又开一场杀戮。不过为贪功起见，全不以人命为念，武安君阬已降及杜邮，自知当受天谴。淮阴侯击已服，杀同僚，长乐之祸，宁无冥谪耶？利口之害如是，圣王所以圣，孔子所为恶，甚矣听言不可不慎也。齐王田广以郦生卖烹己，乃烹之，而走高密，使使之楚请救。韩信已定临菑，遂东追广至高密西。楚亦使龙且将，号称二十万，救齐。

齐王广、龙且并军与信战，未合。人或说龙且曰："汉兵远斗穷战，吴云：字奇。其锋不可当。齐、楚自居其地战，吴云：语奇。兵易败散。不如深壁，令齐王使其信臣招所亡城，李云：齐为主。亡城闻其王在，楚来救，必反汉。汉兵二千里客居，李云：汉为客。齐城皆反之，其势无所得食，可无战而降也。"【眉批】李云：此策不逊李左车，乃一遇儒者，一遇武夫，俱不见用，惜哉然其人亦人杰也，不著其名，则非韩信所能致者矣。【眉批】李云：此则广武之策。【眉批】吴云：与李左车之意合，正与李左车相照耀。龙且曰："吾平生知韩信为人，易与耳。李云：暗应袴下事。且夫救齐不战而降之，吾何功？今战而胜之，齐之半可得，何为止！"李云：句法。【眉批】吴云：亦与陈馀一样，两边对照。遂战，与信夹潍水阵。韩信乃夜令人为万余囊，满盛沙，壅水上流，引军半渡，击龙且，（、）佯不胜，还走。【眉批】李云：信策俱从兵法中变出，却以兵法误他人，用意奇幻。龙且果喜曰："固知信怯也。"遂追信渡水。信使人决壅囊，水大至。【眉批】薇山云：应上仆伐燕东定齐，若何而有功收之，从燕一句收之，极略。平齐有蒯通之议论，有囊沙之计，极详。龙且军大半不得渡，即急击，杀龙且。【眉批】吴云：背水阵太详，而此又不得略，故只得以短语促节，而情致已尽，别一妙也。龙且水东军散走，齐王广亡去。信遂追北至城阳，皆虏楚卒。

汉四年，遂皆降平齐。使人言汉王曰：【眉批】吴云：又点汉王一笔，乘其急而要之，故所恨独深，不然张耳何以先王赵乎？"齐伪诈多变，反覆之国也，南边楚，不为假王以镇之，其势不定。愿为假王便。"当是时，楚方急围汉王于荥阳，韩信使者至，发书，汉王大怒，【眉批】薇山云：应上二"急围"，终发怒骂。骂曰："吾困于此，旦暮望若来佐我，乃欲自立为王！"张良、陈平蹑汉王足，【眉批】李云：蹑足之谋，与会兵垓下之策，皆足以疑帝心，而置信于死，信之莫保令终，岂独帝之过耶？因附耳语曰：【眉批】吴云：只此妙！附耳危语，固宜如此。"汉方不利，宁能禁信之王乎？李云：韩信死矣。【眉批】薇山云：宁能禁信之王乎云云，下蒯通知天下之权在韩信之伏。不如因而立，善遇之，使自为守。李云：深机。不然，变生。"汉王亦悟，因复骂曰：李云：宛像。"大丈夫定诸侯，即为真王耳，何以假为！"乃遣张良往立信为齐王，征其兵击楚。
【眉批】薇山云：使盖世英雄项羽恐惧者，韩信也。汉楚之成败在信一人。以武涉蒯通二辩士之说，写信之为英雄，是亦旁写法。

楚已亡龙且，项王恐，使盱眙人武涉往说齐王信曰：【眉批】吴云：项羽说自己心事。"天下共苦秦久矣，相与戮力击秦。秦已破，计功割地，分土而王之，以休士卒。今汉王复兴兵而东，侵人之分，夺人之地,已破三秦,引兵出关,收诸侯之兵以东击楚,其意非尽吞天下者不休,吴云:就天下说一遍。其不知厌足如是甚也。且汉王不可必,身居项王掌握中数矣,项王怜而活之,然得脱,辄倍约,复击项王,其不可亲信如此。今足下虽自以与汉王为厚交,为之尽力用兵,终为之所禽矣。足下所以得须臾至今者,以项王尚存也。当今二王之事,权在足下。足下右投则汉王胜,左投则项王胜。项王今日亡,则次取足下。足下与项王有故,何不反汉与楚连和,三分天下王之?(、)吴云:接"左投"、"右投"句。今释此时,而自必于汉以击楚,且为智者固若此乎!"(〇)吴云:接"汉王厚交"句。【眉批】薇山云:文六转,一节发端;二节汉王背天下之约,不知厌足;三节汉王倍项王不可亲信;四节亲不可亲信之汉王,而不为所禽者,以有项王,文愈深;五节入主意;六节收上反振,不说破尤妙。【眉批】吴云:就自己身上说一遍,评汉王亦甚明确。【眉批】吴云:就韩信说一遍。【眉批】吴云:又逼入一步。【眉批】吴云:又即"须臾"二句,以畅言之,深动之。韩信谢曰:"臣事项王,官不过郎中,位不过执戟,言不听,画不用,故倍楚而归汉。汉王授我上将军印,予我数万众,解衣衣我,推食食我,言听计用,故吾得以至于此。夫人深亲信我,我倍之不祥,虽死不易。(〇)幸为信谢项王!"【眉批】李云:透彻之言,不能动信,信无反心可见。【眉批】吴云:只答他"项王有故"一句,余不足动韩信也。【眉批】吴云:是不倍本之言。

武涉已去,(〇)齐人蒯通吴云:附传。【眉批】吴云:武涉一篇,后接写蒯通一篇。说辞一详一略,故以相犯见奇。【眉批】吴云:极写韩信。知天下权在韩信,欲为奇策而感动之,(〇)【眉批】薇山云:"武涉已去"四字,大文字。过渡之处,天下权一句,总领。【眉批】薇山云:奇策感动,下注解,接上段。以相人说韩信曰:"仆尝受相人之术。"韩信曰:"先生相人何如?"对曰:"贵贱在于骨法,忧喜在于容色,(、)成败在于决断,(〇)【眉批】吴云:双关语。【眉批】薇山云:以"贵贱骨法"、"忧喜容

色"二句,陪"成败决断"句。以此参之,万不失一。"韩信曰:"善。先生相寡人何如?"对曰:"愿少间。"信曰:"左右去矣。"通曰:"相君之(○)面,(◎)不过封侯,又危不安。吴云:双关语妙。相君之(○)背(◎),贵乃不可言。"(○)【眉批】薇山云:陪"背"字以"面"字,陪"贵"字以"危"字。稍引入深,数回问答,纡余曲折,犹千壑万峰之水,归于一溪。何谓也一蹶,忽为长江大河,滔滔汩汩而下。韩信曰:"何谓也?"(○)蒯通曰:"天下初发难也,俊雄豪杰建号一呼,天下之士云合雾集,鱼鳞杂遝,熛至风起。【眉批】吴云:叠三句,有气势。当此之时,忧在亡秦而已。今楚汉分争,使天下无罪之人肝胆涂地,父子暴骸骨于中野,不可胜数。楚人起彭城,转斗逐北,至于荥阳,乘利席卷,威震天下。然兵困于京、索之间,迫西山而不能进者,三年于此矣。【眉批】薇山云:以秦发端,楚汉双提分应,以智勇字小来楚汉,夫字一转入信,然至其所说之主意,则与武涉同一三分鼎足之计耳。故极力铺张,处置详尽。【眉批】吴云:一边抹杀项羽。【眉批】吴云:一边抹杀汉王。汉王将数十万之众,距巩、雒,阻山河之险,一日数战,无尺寸之功,折北不救,败荥阳,伤成皋,遂走宛、叶之间,此所谓智勇俱困者也。(○)|【眉批】吴云:此句双结,智则汉王,勇乃项羽。夫锐气挫于险塞,而粮食竭于内府,百姓罢极怨望,容容无所倚。以臣料之,其势非天下之贤圣固不能息天下之祸。【眉批】吴云:抹杀楚汉,即推出韩信。当今两王之命县于足下。足下为汉则汉胜,与楚则楚胜。臣愿披腹心,输肝胆,效愚计,恐足下不能用也。诚能听臣之计,莫若两利而俱存之,三分天下,鼎足而居,其势莫敢先动。夫以足下之贤圣,(、)吴云:接上"贤圣"。【眉批】吴云:即左投右投之说,而申言之。有甲兵之众,据强齐,从燕、赵,出空虚之地而制其后,因民之欲,西乡为百姓请命,则天下风走而响应矣,(、)李云:此楚汉之战斗。【眉批】吴云:即韩信登坛之语,而反用之者也。【眉批】吴云:与三分之说,更进一层。孰敢不听!割大弱强,以立诸

侯，诸侯已立，天下服听而归德于齐。案齐之故，有胶、泗之地，怀诸侯之德，深拱揖让，则天下之君王相率而朝于齐矣。（、）盖闻天与弗取，反受其咎；时至不行，反受其殃。愿足下孰虑之。"（〇）|
【眉批】薇山云："天下之贤圣"、"足下之贤圣"、"受其咎"、"受其祸"，或奖励之，或耸动之。以"天下初发难"、"天下之士"、"天下无罪之人"、"威震天下"、"天下之贤圣"、"天下之祸"、"三分天下"、"天下风走"、"天下服德"、"天下之君王"，无数"天下"之字，应起手知天下之权在韩信云云。

韩信曰："汉王遇我甚厚，载我以其车，衣我以其衣，食我以其食。【眉批】吴云：连出三句。【眉批】李云：三句言其情。吾闻之，乘人之车者载人之患，衣人之衣者怀人之忧，食人之食者死人之事，吾岂可以乡利倍义乎！"（〇）李云：此句以情理问心。【眉批】吴云：连应三句。【眉批】李云：三句言其理。蒯生曰："足下自以为善汉王，欲建万世之业，臣窃以为误矣。【眉批】吴云：还是对武涉之言。前序汉王之不可信，而韩信言其不倍，此则韩信先明其不倍，而后言汉王之不可信。作两节写，又是一样文法。始常山王、成安君为布衣时，李云：引喻。相与为刎颈之交，后争张黡、陈泽之事，二人相怨。常山王背项王，奉项婴头而窜，逃归于汉王。汉王借兵而东下，杀成安君泜水之南，头足异处，卒为天下笑。此二人相与，天下至欢也。然而卒相禽者，何也？（〇）吴云：一顿。患生于多欲而人心难测也。（〇）吴云：一束。【眉批】薇山云：比拒绝武涉，语气稍缓。彼有言听计用之感，此衣食厚遇之感耳。彼虽死不易，断然峻拒，故武涉不得再开口。此吾岂可以乡利倍义乎云云，以不了语答之，故蒯通生短刀直入，一语喝破。窃以为误矣。接得极敏，说得极捷。今足下欲行忠信以交于汉王，必不能固于二君之相与也，吴云：一折。而事多大于张黡、陈泽。故臣以为足下必汉王之不危己，亦误矣。【眉批】李云：局中不觉，旁观甚明。大夫种、范蠡存亡越，霸句践，立功成名而身死亡。李云：更切。【眉批】吴云：陈馀一段已为尽矣，又引出种、蠡，不作两对，以错落作致。野兽已尽而猎狗烹。夫以交友言之，则不如张耳之与成安君者也；以忠信言之，则不过大夫种、范蠡之于句践也。(、)【眉批】吴云：又将耳、馀、种、蠡作双结。此二人者，足以观矣。愿足下深虑之。且臣闻勇略震主者身危，而功盖天下者不赏。(、)【眉批】吴云：又起一头。前说汉王，此说韩信。合而言之，情事愈显。臣请言大王功略：足下涉西河，虏魏王，禽夏说，引兵下井陉，诛成安君，徇赵，胁燕，定齐，南摧楚人之兵二十万，东杀龙且，西乡以报，此所谓功无二于天下，吴云：应"功"。而略不世出者也。(、)吴云：应略。【眉批】藏山云：千转百折，收束上文。说入一篇神髓之处，亦反不说破，使韩信自决断，引而不发，跃如。今足下戴震主之威，挟不赏之功，归楚，楚人不信；归汉，汉人震恐：足下欲持是安归乎？夫势在人臣之位而有震主之威，名高天下，窃为足下危之。"(〇)【眉批】吴云：昔所谓为汉汉胜，为楚楚胜者。今乃两无着落，天地茫茫，此身靡托，说得韩信茕然。韩信谢曰："先生且休矣，吾将念之。"

后数日，蒯通复说曰："夫听者事之候也，计者事之机也，(〇)【眉批】吴云：急忙之中，又作一扬，不作一起说完，所以涵养文情也。听过计失而能久安者，鲜矣。听不失一二者，不可乱以言；计不失本末者，不可纷以辞。【眉批】吴云：前文长辞繁，恐其懒散。又垂此长尾，铿锵振响，一气泻下，即一气卷上。又借时事一激掉转，收尽前篇，如黄河东注，必有大海以受之也。夫随厮养之役者，失万乘之权；守儋石之禄者，阙卿相之位。故知者决之断也，疑者事之害也，审毫厘之小计，遗天下之大数，智诚知之，决弗敢行者，百事之祸也。故曰'猛虎之犹豫，不若蜂虿之致螫；骐骥之踟蹰，不如驽马之安步；孟贲之狐疑，不如庸夫之必至也；虽有舜禹之智，吟而不言，不如瘖聋之指麾也'。(〇)吴云：第四句别出，不排板。【眉批】李云：近引远喻，反覆百端，而信卒不动，其不畔之心可见。此言贵能行之。夫功者难成而易败，时者难得而易失

也。(○)时乎时，不再来。(◎)吴云：又作一反振。【眉批】薇山云："时乎时乎"，时不再来之意，省"乎时"二字。与《荆轲传》"王负剑负剑"，省一"王"字，同一句法。句法之重如此，文字之死活，在于此等之处。愿足下详察之。"韩信犹豫不忍倍汉，又自以为功多，汉终不夺我齐，遂谢蒯通。吴云：三句写犹豫。【眉批】李云：又自以为云云，三句皆信心坎中意。太史表而著之，明信念止在齐，齐之外无奢望也。其无反心可见矣。【眉批】李云：淮阴所恃以结汉者，功也；汉所以疑信者，亦功，被蒯通一眼看破。知汉必不能容信，故屡以危言，反复耸动。迫说不行，即佯狂为巫。若早逆睹有长乐之祸者？通可谓忠于所事者矣。太史全录其辞，非为信惜，实为信表也。蒯通说不听，已详狂为巫。|

汉王之困固陵，用张良计，召齐王信，遂将兵会垓下。项羽已破，高祖袭夺齐王军。【眉批】吴云：待分地而后会兵，是韩信失著，故回护之，止略写。【眉批】薇山云：上夺其印符，夺两人军，至此袭夺齐王军，渐渐引入下半夷灭之段。汉五年正月，徙齐王信为楚王，都下邳。

信至国，召所从食漂母，赐千金。李云：非漂母意。【眉批】吴云：恩酬怨报，历历分明。英雄至此，已无遗憾，然今日则漂母固已不可得，而韩信复何人哉？及下乡南昌亭长，赐百钱，(、)李云：近于谑。曰："公，小人也，为德不卒。"(○)召辱(◎)己之少年令出胯下者以为楚中尉。李云：此却有见。告诸将相曰："此壮士也。方(○)辱(◎)我时，我宁不能杀之邪？杀之无名，故(○)忍(◎)而就于此。"(○)|李云：有忍乃有济。【眉批】吴云：又独注一段，承明熟视之心事。【眉批】薇山云：身居楚王极盛之地，恩怨悉报，自然之照应收束。忍而就于此一语，可以赞上一大段。

项王亡将钟离眛家在伊庐，素与信善。项王死后，亡归信。汉王怨眛，闻其在楚，诏楚捕眛。信初之国，行县邑，陈兵出入。|汉六年，人有上书告楚王信反。【眉批】薇山云：亡归信、陈兵出入，皆反迹，

遂上书告反，为三层，发下半之端。高帝以陈平计，天子巡狩会诸侯，南方有云梦，发使告诸侯会陈："吾将游云梦。"实欲袭信，信弗知。高祖且至楚，信欲发兵反，自度无罪，【眉批】蕨山云：自以为功多、自度无罪，皆描写韩信心事。欲谒上，恐见禽。【眉批】吴云：先作两路擒纵。人或说信曰："斩眛谒上，上必喜，无患。"【眉批】李云：又表一句。信见眛计事。眛曰："汉所以不击取楚，以眛在公所。若欲捕我以自媚于汉，眛今日死，公亦随手亡矣。"【眉批】吴云：又出一钟离眛，为漂母、亭长作衬，盖恩仇太明，即非长者之事也。乃骂信曰："公非长者！"卒自刭。信持其首，谒高祖于陈。上令武士缚信，载后车。【眉批】吴云：即蒯通之说而衍之，直至死时，固未尝一日忘通也。信曰："果若人言，'狡兔死，良狗烹；高鸟尽，良弓藏；敌国破，谋臣亡。'天下已定，我固当烹！"（○）【眉批】蕨山云：收缩蒯通数千言，为数语。又下收缩，为恨不用蒯通之计一句，详略繁简法，尽于此。【眉批】吴云：只就成语之下，点一句，别不一辨，而情事已明，怨愤百出，妙甚。上曰："人告公反。"遂械系信。至雒阳，赦信罪，以为淮阴侯。

信知汉王畏恶其能，常称病不朝从。信由此日怨望，居常鞅鞅，羞与绛、灌等列。【眉批】吴云：写韩信愤怀抑郁，殊不可堪。信尝过樊将军哙，哙跪拜送迎，言称臣，曰："大王乃肯临臣！"信出门，笑曰："生乃与哙等为伍！"【眉批】吴云：此发明羞与绛、灌等列也。上常从容与信言诸将能否，各有差。上问曰："如我能将几何？"信曰："陛下不过能将十万。"【眉批】李云：自信之深。上曰："于君何如？"曰："臣多多而益善耳。"上笑曰："多多益善，何为为我禽？"吴云：新语。信曰："陛下不能将兵，而善将将，此乃信之所以为陛下禽也。且陛下所谓天授，非人力也。"（○）| 吴云："将将"字亦新。李云：品题的确。【眉批】李云：善将兵，为将之道；善将将，为君之道。【眉批】李云：亦深知君。【眉批】吴云：此节发明上畏恶其能。

陈豨拜为钜鹿守，辞于淮阴侯。【眉批】李云：此下是吕后文致淮阴罪词，史承书之耳。淮阴侯挈其手，辟左右与之步于庭，仰天叹曰："子可与言乎？欲与子有言也。"【眉批】吴云：悄悄冥冥，情事如见。豨曰："唯将军令之。"【眉批】吴云：欲说不可，不说不能，先钩一句，即接一句，妙甚。然屏人私语，何由知之？千古之事，大率如此。【眉批】薇山云：庭中语，盖舍人弟反状中虚构之语，遂为真反迹之证。韩信心事可哀，惟史公知之，史公用意良苦之处。淮阴侯曰："公所居，天下精兵处也；而公，陛下之信幸臣也。吴云：两句两折。人言公之畔，陛下必不信；再至，陛下乃疑矣；三至，必怒而自将。吾为公从中起，天下可图也。"陈豨素知其能也，信之，曰："谨奉教！"汉十一年，陈豨果反。【眉批】吴云：说得如此之易，韩信恐不若是之孟浪。上自将而往，信病不从。阴使人至豨所，曰："第举兵，吾从此助公。"信乃谋与家臣夜诈诏赦诸官徒奴，欲发以袭吕后、太子。【眉批】吴云：以上一段，即上变之言也。然赦官徒袭吕后，韩信必不如此孟浪。部署已定，待豨报。其舍人得罪于信，信囚，欲杀之。舍人弟上变，告信欲反状于吕后。吕后欲召，恐其党不就，乃与萧相国谋，诈令人从上所来，言豨已得死，列侯群臣皆贺。相国绐信曰："虽疾，强入贺。"信入，吕后使武士缚信，斩之长乐钟室。【眉批】薇山云：信入，实反则不入。入不入之处，必有多少议。今从其命信直入，无反心，可知。信方斩之，曰："<u>吾悔不用蒯通之计，乃为儿女子所诈，岂非天哉</u>！"遂夷信三族。（○）【眉批】薇山云：以临终之言察之，无反心。有之则听通之计。【眉批】吴云：信事已完，后乃借蒯通作余波、作掉尾。

高祖已从豨军来，至，见信死，且喜（◎）且怜（◎）之，【眉批】吴云：且喜云云，五字写尽汉王心事。问："信死亦何言？"吕后曰："信言恨不用蒯通计。"高祖曰："是齐辩士也。"乃诏齐捕蒯通。蒯通至，上曰："若教淮阴侯反乎？"对曰："<u>然</u>，（◎）<u>臣固教之</u>。【眉批】吴云：妙。固作快语是辩士声口。竖子不用臣之策，故令自夷于此。如彼竖子用臣之计，陛下安得而夷之乎！"（○）上怒曰："烹之。"通曰："嗟乎，冤哉烹也！"（○）吴云：又一反振作态，妙。上曰："若教韩信反，何冤？"对曰："秦之纲绝而维弛，山东大扰，异姓并起，英俊乌集。秦失其鹿，天下共逐之，于是高材疾足者先得焉。【眉批】吴云：一喻顿住。跖之狗吠尧，尧非不仁，狗固吠非其主。当是时，臣唯独知韩信，非知陛下也。（、）且天下锐精持锋欲为陛下所为者甚众，顾力不能耳。又可尽烹之邪？"（○）【眉批】薇山云：语语激烈，使上不觉发怒，曰"烹（亨）"之。把一"烹（亨）"字，直为话柄，曰：嗟乎，冤哉烹也！急脉环受，徐徐说起。又可尽烹之耶？想无其釜，使人抱腹绝倒。奇也哉，奇也哉！项羽传以平实结之。本传以奇拔结之，结法各异。【眉批】吴云：两喻秦鹿、跖狗，照应颇工。【眉批】吴云：应"跖狗"段。【眉批】吴云：应"秦鹿"段。高帝曰："置之。"乃释通之罪。

太史公曰：吾如淮阴，淮阴人为余言，韩信虽为布衣时，其志与众异。【眉批】薇山云：以漫游中所实见实闻，追补逸事，俯仰感叹，一结反复玩味，始知作者用意良苦之处。其母死，贫无以葬，然乃行营高敞地，令其旁可置万家。余视其母冢，良然。（○）【眉批】吴云：借轶事出色，是史公长技。假令韩信学道谦让，不伐己功，不矜其能，则庶几哉，于汉家勋可以比周、召、太公之徒，后世血食矣。（、）李云：宕逸。【眉批】李云：拓一段，文情振耸。【眉批】李云：言之正有余憾。不务出此，而天下已集，乃谋畔逆，李云：故作柱笔。【眉批】李云：谋畔必不在天下已集后，明著其冤。夷灭宗族，不亦宜乎？（○）【眉批】节斋云：此赞三段。首段言其少时志异众，"母冢"字眼是；中段言信学道则必能成其初志矣；末段言其不然，叹之，"血食"、"夷灭宗族"等字，血脉皆自母冢来，是草蛇灰线法。

【总评】吴齐贤云：文章家逐段铺排，绝无裁剪，则数一二而已，何以为文？故韩信一传，前半于追亡登坛。详序之后，大如击楚、击魏、击赵代；奇如木罂渡军，只用略写、虚写。至李左车井陉一说，方始详，正虚实相参，疏密互见之妙也。

又云：凡人之才，独运则易，重发则难，盖其才易尽也。史公于武涉之后，接入蒯通，使佗人遇此，如果雷同，固非佳士。即别寻妙解，亦是支词，他偏用一样见解，一样词气。而仔细看来，一则句句是为项王，一则是句句是为韩信，宁可以道里计哉？

李晚芳云：淮阴侯，人杰也。才有余而厚重不足，仗钺临戎，计无虚发，于汉家勋，当在诸将相之上。但不能捡抑自下，王齐之请，实自视功高而有德色。欲假帝命表异于诸将相耳，非有他也。有良平之蹑足，遂令忌刻之主，由此蓄疑，其莫保令终宜矣。太史公深知其冤，故于遗良封王之下，即连叙其却武涉，谢蒯通之词。言言情理，俱由衷出。一片在汉之心，可以自质。夫当握全齐之时，有智士之辅，尚不忍倍畔。天下已集，陈豨何人，乃与之仰天握手；官徒奴何物，可以集大事。虽至愚者不为，而谓信之智而为之乎？史虽承吕后文致之辞，以著信罪。然字里行间，隐露不然之意，使人言外悟之。其以不能学道谦让责信，即所以表信也欤。

又云：淮阴将略，不必无所本，素所蓄积也。亦不必有所本，临事变化，运用之妙也。观其登坛对高祖，将刘项关头，早已算定，故随其所向，无不如意。下手即及三秦，争先着也。三秦定，根本固也。此素所蓄然也。若木罂渡夏阳而虏魏豹，先于临晋以疑兵误之。井陉出背水阵，斩成安君，先于拔帜、立帜以误之。壅水决、水击龙且，半渡佯输以诱之，所谓临敌制胜，运用之妙，全乎一心也。太史公各处写之，俱精彩异常，盖淮阴将略，神化不测。太史笔法，亦神化不测，可称双绝。

西薇山云：此篇以议论为筋节脉络，以萧何论韩信之为人起之。韩信坛上论天下之大势，李左车论服燕齐之策，武涉论三分之势，蒯通一论激韩信，烹郦生，再论鼎足之计，三论天下之大势归于汉。而免其烹，以议论烹人，以议论免己之烹,尤奇。若其叙战,则详叙背水之阵,略写木罂、囊沙之计。详略皆妙,而又结以韩信将兵、将将之论,是全篇组织之大体也。读者须先着眼于此等肯綮之处,则犹庖丁解牛,目之所触,诘然自解,神理全现。

史记十传纂评卷之六　毕

史记十传纂评卷之七

魏其武安侯

　　魏其侯窦婴者，【眉批】李云：先标魏其。孝文后从兄子也。(、)父世观津人。喜宾客。(◎)【眉批】吴云："宾客"是一篇主。孝文时，婴为吴相，病免。孝景初即位，为詹事。| 梁孝王者，孝景弟也，其母窦太后(、)爱之。【眉批】吴云："窦太后"、"王太后"，一篇眼目。梁孝王朝，因昆弟燕饮。是时上未立太子，酒酣，从容言曰："千秋之后传梁王。"(、)太后驩。吴云：先写太后欢。窦婴引卮酒进上，李云：功与刘章同。曰："天下者，高祖天下，父子相传，此汉之约也，上何以得擅传梁王！"(○)吴云："梁王"、"淮南王"，首尾相应。【眉批】李云：传子不传弟，此一定之经，可以息争弭祸。婴一言为功甚巨。宋祖不明此理，贻误于后，赵普复成之，愧魏其多矣。【眉批】薇山云：侃言谠议，真外戚内助之言。是所以其门多杭直之宾客也。太后由此憎窦婴。【眉批】吴云：一驩一憎，紧照。窦婴亦薄其官，因病免。太后除窦婴门籍，不得入朝请。| 孝景三年，吴楚反，上察宗室诸窦毋如窦婴贤，乃召婴。薇山云：应天下云云之言。婴入见，固辞谢病不足任。太后亦惭。【眉批】吴云：一驩一憎，后又多一惭。于是上曰："天下方有急，王孙宁可以让邪？"【眉批】李云：得大体。乃拜婴为大将军，赐金千斤。婴乃言袁盎、栾布诸名将贤士在家者进之。(○)吴云：即应宾客事。所赐金，陈之廊庑下，军吏过，辄令财取为用，【眉批】李云：大是名将所为。【眉批】薇山云：写得客极盛，伏下宾客极衰。金无入家者。(○)薇山云：应"贤"。窦婴守荥阳，监齐赵兵。七国兵已尽破，封婴为魏其侯。吴云：一结。诸游士宾客，李云：又伏。争归魏其侯。孝景时每朝议大事，条侯、魏其侯，(○)李云：陪客。【眉批】吴云：两"魏其侯"，声响顿折。诸列侯莫敢与亢礼。(○)|【眉批】李云：傲以居功殆已。【眉批】吴云：又入间笔一顿，并

以见盛衰之感。

孝景四年，立栗太子，使魏其侯为太子傅。孝景七年，栗太子废，魏其数争不能得。魏其谢病，屏居蓝田南山之下数月，诸宾客（◎）吴云：宾客余波。辩士说之，莫能来。【眉批】薇山云：天下者云云，魏其之志在天下之公，而不在一身之私。病居不出，上曰：天下方有急云云，受其赐，监齐赵兵。又屏居蓝田，高遂说至明扬主上之过，乃起皆志在公而忘其私。梁人高遂乃说魏其曰："能（、）富贵将军者，上也；能（、）亲将军者，太后也。今将军傅太子，太子废而不能（、）争；争不能（、）得，又弗能（、）死。【眉批】吴云："能"、"不能"、"莫能"、"弗能"，错落作致。自引谢病，拥赵女，屏间处而不朝。【眉批】李云：不朝是扬主之过。相提而论，是自明扬主上之过。有如两宫螫将军，李云：得不悚然。则妻子毋类矣。"魏其侯然之，乃遂起，朝请如故。

桃侯免相，窦太后数言魏其侯。李云：可想汉家卜相之法。【眉批】吴云：太后数言魏其，从"慭"字直贯至此。孝景帝曰："太后岂以为臣有爱，不相魏其？吴云：句法。【眉批】李云：不相魏其，亦是深知魏其而又爱之，故欲善全耳。帝可谓知人，可谓爱人。【眉批】薇山云：因病免谢、病屏居，至此遂不用，有许多曲折。魏其者，沾沾自喜耳，李云：四字切中。多易。李云：切中魏其病根。难以为相，持重。"遂不用，用建陵侯卫绾为丞相。｜李云：见不私爱。【眉批】吴云：借不相事，略一顿住，便捷入武安，章法之妙。

武安侯田蚡者，孝景后同母弟也，（、）吴云：应前。生长陵。魏其已为大将军后，方盛，蚡为诸郎，未贵，往来侍酒魏其，跪起如子侄。（◎）吴云：伏下使酒事，反照作波。【眉批】入武安后，接手带住魏其夹序，其妙如此。【眉批】薇山云：写魏其之极盛，武安之极微，下满天之大波澜兆于此处，所谓"青天白日现一点"之飓母。及孝景晚节，蚡益贵幸，为太中大夫。蚡辩有口，学盘盂诸书，王太后（、）贤之。孝景崩，即日太子立，称制，所镇抚多有田蚡宾客（◎）计策。｜吴云：顿住，又照宾客。蚡弟田胜，皆以太后弟，孝景后三年封蚡为武安侯，胜为周阳侯。吴云：带序田胜。

<u>武安侯新欲用事为相，卑下</u>（〇）<u>宾客，</u>（◎）吴云：又点宾客。【眉批】薇山云：魏其传以喜宾客天下者云云之议论起，武安传以辨有口起，佞直判然。史公好直甚，恶佞亦甚。【眉批】薇山云：忽接入宾客无痕。<u>进名士家居者贵之，欲以倾魏其诸将相。</u>（〇）｜吴云：又顿住。【眉批】吴云：后让相，今先提欲为相，写出武安心事。建元元年，丞相绾病免，上议置丞相、太尉。李云：接前传末句。籍福说武安侯曰："魏其贵久矣，天下士素归之。吴云：又映宾客。今将军初兴，未如魏其，即上以将军为丞相，必让魏其。魏其为丞相，将军必为太尉。太尉、丞相尊等耳，又有让贤名。"李云：句法简峭。【眉批】李云：此何时而广致宾客耶。武安之妒魏其，失在魏其。若武安之祸小，安足深责？籍福虽武安客，实阴为魏其。<u>武安侯乃微言太后风上，于是</u>（、）李云：用计。【眉批】薇山云：籍福之说，暧昧模棱，武安听其说，微言太后。魏其不听其说，由是观之，一佞一直，判然明白。乃以魏其侯为丞相，武安侯为太尉。籍福贺魏其侯，因吊曰：【眉批】李云：方贺吊有见。"君侯资性喜善疾恶，方今善人誉君侯，故至丞相；然君侯且疾恶，恶人众，李云：三字可畏。【眉批】李云：喜善疾恶，固是公心，然相度又当兼容。亦且毁君侯。李云：伏案。君侯能兼容，则幸久；不能，今以毁去矣。"李云：句法轻飏。<u>魏其不听。</u>（、）｜李云：伏毁日至。【眉批】吴云：武安传中，夹序魏其事。

<u>魏其、武安俱好儒术，</u>（〇）【眉批】吴云：以下田、窦并序。推毂赵绾为御史大夫，王臧为郎中令。迎鲁申侯，欲设明堂，令列侯就国，除关，以礼为服制，以兴太平。【眉批】李云：此叙二人宾客之盛。【眉批】李云：魏其之祸重矣。【眉批】李云：疾恶太甚。举适诸窦宗室毋节行者，除其属籍。【眉批】吴云：又带窦太后，应前毁去。时诸外家为列侯，列侯

多尚公主，皆不欲就国，以故毁日至窦太后。太后好黄老之言，而魏其、武安、赵绾、王臧等务隆推儒术，贬道家言，是以窦太后滋不说魏其等。【眉批】李云：武安亦隆推儒雅，可见小人欲得名，往往依附正人君子，以收人望，正是奸处。及建元二年，御史大夫赵绾请无奏事东宫。窦太后大怒，乃罢逐赵绾、王臧等，而免丞相、太尉，以柏至侯许昌为丞相，武强侯庄青翟为御史大夫。魏其、武安由此以侯家居。

武安侯虽不任职，以王太后故，亲幸，数言事多效，（○）吴云：伏后所言皆听。天下吏士趋势利者，皆去魏其归武安。武安日益横。（○）【眉批】吴云：田、窦并序毕，以下又单序武安。【眉批】李云：武安得幸，魏其无援。一盛一衰，曾不转瞬。贤如魏其，乃为势利所误矣。【眉批】李云：此叙武安客独盛。建元六年，窦太后（、）崩，丞相昌、御史大夫青翟，坐丧事不办，免。以武安侯蚡为丞相，以大司农韩安国为御史大夫。天下士郡国诸侯愈益附武安。（○）│李云：冷。【眉批】吴云：宾客归武安，作两节写，情景乃尽。

武安者，貌侵，生贵甚。【眉批】李云：自生尊贵特甚，所谓装模作样也。又以为诸侯王多长，上初即位，富于春秋，蚡以肺腑为京师相，非痛折节以礼诎之，天下不肃。【眉批】吴云：写武安腹中语，多少层折。【眉批】李云：欲令折节于己，是小人得志态。当是时，丞相入奏事，坐语移日，所言皆听。荐人或起家至二千石，权移主上。上乃曰："君除吏已尽未？吾亦欲除吏。"【眉批】藏山云：主上不堪怒，读者亦不堪读。【眉批】李云："上乃曰"云云，二句英锋可畏。尝请考工地益宅，上怒曰："君何不遂取武库！"【眉批】李云："上怒曰"云云，总为后不直武安伏案。是后乃退。尝召客饮，坐其兄盖侯南乡，自坐东乡，以为汉相尊，不可以兄故私挠。武安由此滋骄，（○）吴云：接一句，关合上下。【眉批】吴云：二段于间处，写其骄横不堪。治宅甲诸第。田园极膏腴，而市买郡县器物相属于道。李云：骄纵至此，得死于鬼幸也。【眉批】吴云：形容田蚡得时,正形魏其失势。前堂罗钟鼓,立曲旃;后房妇女以百数。【眉批】李云:叙魏其处,以贤以功;叙武安处,则极言其贵侈。二人构衅之曲直自见。诸侯奉金玉狗马玩好,不可胜数。

魏其失窦太后,(○)李云:反应前亲幸。益疏不用,无势,诸(○)客(◎)稍稍自引而怠傲,(○)李云:反应附武安。【眉批】薇山云:忽接入宾客。唯(◎)灌将军独不失故。魏其日默默不得志,而独厚遇灌将军。(○)李云:得祸之故,亦藏此数句。【眉批】薇山云:"唯"字、"独"字,其重千金不啻,以盛衰不改其节。岁寒知后凋,史公尊气节之人,精神之所注,在此等之处,读者勿轻轻看过。【眉批】吴云:前先入田蚡,挽归魏其;今先说魏其,落下灌夫,接法神妙。

灌将军夫者,颍阴人也。夫父张孟,尝为颍阴侯婴舍人,得幸,因进之至二千石,故蒙灌氏姓为灌孟。【眉批】李云:传田窦而继以夫,盖田窦相倾,夫左右其间,又两传之关目也。吴楚反时,颍阴侯灌何为将军,属太尉,请灌孟为校尉。夫以千人与父俱。灌孟年老,颍阴侯强请之,郁郁不得意,故战常陷坚,遂死吴军中。军法,父子俱从军,有死事,得与丧归。灌夫不肯随丧归,奋曰:"愿取吴王若将军头,以报父之仇。"(○)于是灌夫被甲持戟,募军中壮士所善愿从者数十人。及出壁门,莫敢前。独二人及从奴十数骑驰入吴军,李云:衬法。【眉批】薇山云:后写灌夫使酒一段,惟是感慨,不乎酒徒一样之人,故于此处叙战阵有勇,忠孝两全壮义之人。【眉批】薇山云:壮快语,壮快事,写出如听其声,如观其容。至吴将麾下,所杀伤数十人。不得前,复驰还,走入汉壁,皆亡其奴,独与一骑归。夫身中大创十余,适有万金良药,故得无死。【眉批】吴云:写得声势奕奕。夫创少瘳,又复请将军曰:"吾益知吴壁中曲折,请复往。"将军壮义之,恐亡夫,乃言太尉,(○)李云:愈见忠义。【眉批】李云:夫忠义,而蚡无端构杀之,千古奇冤。【眉批】吴云:又欲去妙,有此奇事,遂成奇文,然究竟不去,益妙!太尉乃固止之。

吴已破，灌夫以此名闻天下。李云：结。

颍阴侯言之上，上以夫为中郎将。数月，坐法去。后家居长安，长安中诸公莫弗称之。李云：结。【眉批】薇山云：在军则壮义，家居则诸公称之，其人以有气节也。【眉批】吴云：名闻。孝景时，至代相。孝景崩，今上初即位，以为淮阳天下交，李云：句法亦劲。【眉批】薇山云：今上亦知其人。劲兵处，故徙夫为淮阳太守。建元元年，入为太仆。二年，夫与长乐卫尉窦甫饮，轻重不得，夫醉，搏甫。甫，窦太后昆弟也。（、）李云：使酒是其故态。【眉批】吴云：长乐尉，即映下程、李东西宫尉；窦甫，窦太后弟，映田蚡、王太后弟也。上恐太后诛夫，徙为燕相。数岁，坐法去官，家居长安。【眉批】吴云：欲写灌夫使酒一事，先伏使酒之端。【眉批】李云：写帝爱人，见后之杀灌夫，非帝本意。

灌夫为人刚直使酒，（○）不好面谀。【眉批】薇山云：二坐法家居，一味粗暴之人，忽为人刚直，不好面谀，写出其神来。贵戚诸有势在己之右，不欲加礼，必陵之；诸士在己之左，愈贫贱，尤益敬，与钧。稠人广众，荐宠下辈。士亦以此多之。【眉批】吴云：一节是灌夫好处。

夫不喜文学，好任侠，已然诺。诸所与交通，无非豪杰大猾。李云：伏后案。家累数千万，食客日数十百人。陂地田园，宗族（、）宾客（◎）【眉批】吴云：又点宾客。为权利，横于颍川。（、）李云：伏案。【眉批】李云：自横如此，是足杀身。【眉批】吴云：又散序二段，作上下线索，使酒侵丞相，族诛等事，皆在其内。【眉批】吴云：一节是灌夫不好处。颍川儿乃歌之曰：李云：闲趣。"颍水清，灌氏宁；颍水浊，灌氏族。"【眉批】薇山云：以歌收上起下，夫失势，魏其亦失势，忽合魏其传，应上益疏不用无势。灌夫家居虽富，然失势，（、）卿相侍中宾客（◎）益衰。【眉批】吴云：又点宾客。【眉批】吴云：遥接魏其。及魏其侯失势，（、）亦欲倚灌夫引绳批根生平慕之后弃之者。李云：暗应福之吊。李云：作一句读。灌夫亦倚魏其而通列侯宗室为名高。两人相为引重，其游如父子然。相得欢甚，无厌，恨相知晚也。（〇）李云：应独厚遇。【眉批】吴云：写得两人因失势相投，俱有一种咆哮不平处，便是得祸根本。

灌夫有服，过丞相。吴云：遥接武安。丞相从容曰："吾欲与仲孺过魏其侯，会仲孺有服。"灌夫曰："将军乃肯幸临况魏其侯，夫安敢以服为解！请语魏其侯帐具，将军旦日蚤临。"【眉批】薇山云：侯者往往为此言。灌夫正直，以为真情，写侯直两者极妙。以下三人合序，一篇波澜精彩之处。【眉批】吴云：缩脚语，便是口头语。【眉批】吴云：乃肯幸临况，是意外语。武安许诺。灌夫具语魏其侯如所谓武安侯。李云：曲尽而省【眉批】李云：窦、灌铮铮，亦堕世情。魏其与其夫人益市牛酒，夜洒埽，早帐具至旦。平明，令门下候伺。至日中，（〇）【眉批】吴云：极力摹写，以见其不堪。【眉批】吴云："旦日"、"夜"、"平明"、"日中"，照应生情。丞相不来。魏其谓灌夫曰："丞相岂忘之哉？"灌夫不怿，曰："夫以服请，宜往。"【眉批】薇山云：灌夫有服，仲孺有服，夫以服请，呼应。乃驾，自往迎丞相。丞相特前戏许灌夫，殊无意往。李云：揶揄弄人。及夫至门，丞相尚卧。李云：详匝。【眉批】李云：灌夫此番周施两家，似亲丞相太重，魏其太轻矣。田蚡小人窥其微而益易之，偃蹇不恭，愈长仇衅，殊觉多事。于是夫入见，曰："将军昨日幸许过魏其，魏其夫妻治具，自旦至今，未敢尝食。"武安鄂谢曰："吾昨日醉，忽忘与仲孺言。"李云：小人声口。【眉批】薇山云：日中尚卧，何等骄傲！读者不觉唾纸面。乃驾往，【眉批】李云：数往字，曲折呼应，有情。又徐行，灌夫愈益怒。及饮酒酣，夫起舞属丞相，丞相不起，夫从坐上语侵之。魏其乃扶灌夫去，李云：殊费周施。【眉批】吴云：一路写来，以为灌夫使酒矣，偏顿住，作两次写。中间又入争田一段，见非特因酒食之过也。谢丞相。丞相卒饮至夜，极欢而去。（〇） | 李云：险甚恶甚。【眉批】吴云："夜"字，乃"旦日"余波。

丞相尝使籍福请魏其城南田。李云：追原祸根。魏其大望曰："老仆虽弃，将军虽贵，宁可以势夺乎！"不许。灌夫闻，怒，骂籍福。

李云：骂福，即骂丞相。【眉批】吴云：籍福映前。【眉批】薇山云：虽弃虽贵，关锁上文。籍福恶两人有郄，乃谩自好谢丞相曰：李云：亦婉转。【眉批】薇山云：籍福在中间，始终暧昧模棱。"魏其老且死，易忍，且待之。"已而武安闻魏其、灌夫实怒不予田，【眉批】吴云：写得武安种怨已深，牢不可破，而非关酒也。亦怒曰："魏其子尝杀人，蚡活之。蚡事魏其无所不可，何爱数顷田？且灌夫何与也？吾不敢复求田。"【眉批】吴云：一句一断，写其盛怒之下，气急不接之语。武安由此大怨灌夫、魏其。（○）｜【眉批】李云：田窦相恶，横插一灌夫在内。前几使酒，此几构讼。总为后文作引，天然节次。

元光四年春，丞相言灌夫家在颍川，横甚，民苦之。吴云：接上"为横于颍川"。【眉批】李云：李田不得，乃索他事以中之。请案。上曰："此丞相事，何请。"灌夫亦持丞相阴事，为奸利，（○）薇山云：为上所看破其奸，结末族矣之伏。受淮南王金与语言。（○）宾客（◎）吴云：又点宾客。居间，遂止，俱解。（○）｜【眉批】李云：此句伏，末方注明，武安肯解碍受金事。【眉批】吴云：淮南王事，不楚楚妙。正忙时不及回笔也。

夏，丞相取燕王女为夫人，有太后诏，召列侯宗室皆往贺。李云：伏劝夫案。魏其侯过灌夫，欲与俱。李云：魏其又多事。夫谢曰："夫数以酒失得过丞相，李云：自知甚明。丞相今者又与夫有郄。"魏其曰："事已解。"强与俱。饮酒酣，武安起为寿，李云：两言饮酒酣，见夫使酒。【眉批】吴云：初以为灌夫使酒矣，偏顿住。作极欢而去，此以为武安构难矣，偏顿住。作遂止俱解，欲紧故宽，而其势愈紧，是文情之妙也。坐皆避席伏。（、）李云：恶伏。已魏其侯为寿，独故人避席耳，余半膝席。灌夫不悦。起行酒，（○至武安，武安膝席曰："不能满觞。"夫怒，因嘻笑曰："将军贵人也，（○）李云：夫口仍称将军。属之！"时武安不肯。吴云：又顿住，妙！【眉批】吴云：前段写三人构怨，遥遥欲合矣，偏又一顿，若扬开者，文情之妙。行酒（○次至临汝侯，临汝侯方与程不识耳语，又不避席。(、)吴云：又点"避席"字。【眉批】薇山云：把一"酒"字为波澜。【眉批】吴云：避席、膝席，三四错落妙！夫无所发怒，乃骂临汝侯曰：李云：与骂福同意，有旁若无人之概。【眉批】吴云：写使酒一事，逐层写来，情景如见。"生平毁程不识不值一钱，今日长者为寿，乃效女儿呫嗫耳语！"(○)吴云：语不了了，是醉怒中语。【眉批】吴云：使酒一案，必以为灌夫与武安作难，乃偏放过武安。而发怒间人，写得不伦不类，是酒醉人家数。武安谓灌夫曰："程李俱东西宫卫尉，今众辱程将军，仲孺独不为李将军地乎？"【眉批】李云：可见当时固重李广，想亦夫所素重。【眉批】李云：不曰不为我地，乃曰"不为李将军地"，奸人狡口。灌夫曰："今日斩头陷胸，何知程李乎！"(○)李云：牵出他人狡甚。【眉批】吴云：语无伦次，是醉中语、怒中语，如闻其声。坐乃起更衣，稍稍去。魏其侯去，麾灌夫出。武安遂怒曰："此吾骄灌夫罪。"李云：酷甚。乃令骑留灌夫。灌夫欲出不得。籍福起为谢，案灌夫项令谢。李云：福处处周旋。夫愈怒，不肯谢。李云：义不受辱。【眉批】吴云：前丞相过魏其时，灌夫先不怿，后愈怒，后极欢，顿住。请田时，魏其大望，夫怒骂，籍福好谢，武安亦怒，又顿住。往贺丞相时，"夫不悦"、"夫怒"、"嬉笑"、无所发怒，"武安遂怒"、"夫愈怒"，积怨含怒。一路写来，神情俱动。武安乃麾骑缚夫置传舍，李云：横甚。召长史曰："今日召宗室，有诏。"劾灌夫骂坐不敬，系居室。【眉批】李云：骂坐事小，不能置之死地，故仍案颍川事。奸人欲陷人，何所不可。遂按其前事，遣吏分曹逐捕诸灌氏支属，皆得弃市罪。魏其侯大愧，为资使宾客(◎)吴云：又点宾客。请，莫能解。李云：更解不得。武安吏皆为耳目，诸灌氏皆亡匿，夫系，遂不得告言武安阴事。(○)吴云：应前"淮南王阴事"。【眉批】薇山云：应"持丞相阴事"，为结末武安之罪案。

　　魏其脱身为救灌夫。夫人谏魏其曰："灌将军得罪丞相，与太后家忤，宁可救邪？"魏其侯曰："侯自我得之，自我捐之，无所恨。

且终不令灌仲孺独死，婴独生。"（、）乃匿其家，【眉批】李云：不使家人知。窃出上书。立召入，具言灌夫醉饱事，李云：三字轻隽。不足诛。上然之，赐魏其食，【眉批】吴云：写得其事甚小，上意无适莫。曰："东朝廷辩之。"

魏其之东朝，盛推灌夫之善，言其醉饱得过，乃丞相以他事诬罪之。【眉批】李云：不直说破。武安又盛毁灌夫所为横恣，罪逆不道。魏其度不可奈何，因言丞相短。李云：自寻对头。【眉批】李云：魏其此时何不言淮南受金。武安曰："天下幸而安乐无事，蚡得为肺腑，所好音乐狗马田宅。（、）吴云：应"甲第田园"。【眉批】李云：自任过正以自誉，奸佞之甚。蚡所爱倡优巧匠之属，（、）不如魏其、灌夫日夜招聚天下豪杰壮士（〇）吴云：应宾客。李云：中国家所忌。【眉批】李云：萧何多买田宅，卫青不与招士，正以国家所忌在广收宾客，而不较在音乐狗马也。田蚡造计，害窦、灌机心甚刻。与论议，腹腓而心谤，不仰视天而俯画地，辟倪两宫间，幸天下有变，而欲有大功。臣乃不知魏其等所为。"（〇）【眉批】李云：陷忠良，多持此议。于是上问朝臣："两人孰是？"御史大夫韩安国曰：【眉批】薇山云：上魏其推灌夫之善，武安毁灌夫，至此借韩安国之口，详说其善与毁。"魏其言灌夫父死事，身荷戟驰入不测之吴军，身被数十创，名冠三军，此天下壮士，非有大恶，争杯酒，不足引他过以诛也。魏其言是也。（、）李云：此意轻。丞相亦言灌夫通奸猾，侵细民，家累巨万，横恣颍川，凌轹宗室，侵犯骨肉，此所谓'枝大于本，胫大于股，不折必披'，丞相言亦是。（、）唯明主裁之。"（〇）【眉批】李云：安国明阿武安，故言有轻重，此武安之所以敢于肆害也。【眉批】吴云：是也，亦是，分低昂。【眉批】李云：此则夫在所必诛。【眉批】吴云：两人对质之言，反从韩安国口中补出。主爵都尉汲黯是魏其。内史郑当时是魏其，后不敢坚对。李云：碍太后。余皆莫敢对。上怒内史曰：【眉批】吴云：怒内史者，正满腔不直武安也，后应出。"公平生数言魏其、武安长短，今日廷论,局趣效辕下狗,吾并斩若属矣。"【眉批】李云:上怒数语,非是不直武安,而太后乃曲护之,帝亦不能自主,则二人之不敌武安明矣。即罢起入,上食太后。太后亦已使人候伺,具以告太后。太后怒,不食,【眉批】吴云:"帝怒"、"太后怒",怒字余波。曰:"今我在也,而人皆籍吾弟,令我百岁后,皆鱼肉之矣。【眉批】李云:确是老妇偏护语。且帝宁能为石人邪!李云:字字狠毒。此特帝在,即录录,设百岁后,是属宁有可信者乎?"【眉批】吴云:太后语皆指韩安国等,曰我在尚蹂躏吾弟,我死后,鱼肉之矣。且帝能久存耶?今帝在,尚碌碌持首鼠;帝死,又安足信乎?下文帝云云,所以对之也。上谢曰:"俱宗室外家,故廷辩之。李云:听之廷辩,二人危矣。不然,此一狱吏所决耳。"是时郎中令石建为上分别言两人事。李云:插此句奇绝。吴云:补出省笔。

武安已罢朝,出止车门,召韩御史大夫载,【眉批】李云:建所分别不载,大略右武安者,建素谨厚,乃肯为此邪。怒曰:"与长孺共一老秃翁,何为首鼠两端?"韩御史良久谓丞相曰:李云:一味依阿。"君何不自喜?【眉批】李云:言何不为可喜之事,前番是明右袒,此便代为画策,分明朋党之私矣。夫魏其毁君,君当免冠解印绶归,【眉批】李云:此即宏之术也。曰'臣以肺腑幸得待罪,固非其任,魏其言皆是'。【眉批】李云:此时宾客何在?如此,上必多君有让,不废君。魏其必内愧,杜门龁舌自杀。今人毁君,君亦毁人,譬如贾竖女子争言,何其无大体也!"【眉批】吴云:一路写来,事已烦矣。又于闲处著笔,一间隔之,使人眼光少住。武安谢罪曰:"争时急,不知出此。"

于是上使御史簿责魏其所言灌夫,【眉批】吴云:遥接太后前语,故遂簿责魏其。颇不雠,欺谩。劾系都司空。【眉批】李云:此公孙宏所中汲黯之术也。孝景时,魏其常受遗诏,曰"事有不便,以便宜论上"。及系,灌夫罪至族,事日急,诸公莫敢复明言于上。魏其乃使昆弟子上书言之,幸得复召见。书奏上,而案尚书大行无遗诏。【眉批】李云:

此必大行时，皇急不及隶之尚书，而后下耳，武安遂以此案之。诏书独藏魏其家，家丞封。乃劾魏其矫先帝诏，罪当弃市。【眉批】李云：欲加之罪，何患无辞。五年十月，悉论灌夫及家属。魏其良久乃闻，闻即恚，病痱，不食欲死。或闻上无意杀魏其，魏其复食，治病，议定不死矣。吴云：顿。【眉批】吴云：前云不令夫独死，婴独生。今复食治病，写势利意气之交如此。乃有蜚语为恶言闻上，【眉批】李云：自古权臣中人必以蜚语。故以十二月晦论弃市渭城。

其春，武安侯病，专呼服谢罪。使巫视鬼者视之，见魏其、灌夫共守，欲杀之。竟死。（○）吴云：极恶武安，故借鬼以杀之。【眉批】李云：报冤甚速，可为鉴戒。是太史同时所见，非传闻者，不妨作实录观也。【眉批】吴云：共完三人事。子恬嗣。元朔三年，武安侯坐衣襜褕入宫，不敬。

淮南王安谋反觉，治。【眉批】吴云：淮南王事，前未及序，忽于篇后补序。奇妙。【眉批】李云：篇首叙梁王之事，篇末叙淮南之事，魏其、武安，功罪昭然。王前朝，武安侯为太尉，李云：补叙。时迎王至霸上，谓王曰："上未有太子，大王最贤，高祖孙，即宫车晏驾，非大王立当谁哉！"淮南王大喜，厚遗金财物。上自魏其时不直武安，（○）李云：又注明。特为太后故耳。（○）吴云：点明结完太后。及闻淮南王金事，（○）吴云：作快语结所以深恶武安也。上曰："使武安侯在者，族矣。"（◎）【眉批】藏山云：有此一大罪案，生前不啻蒙族诛而已。弄权玩威，杀魏其、灌夫忠直之人，而无惩其恶，今以上一语，断其罪，使读者拍案呼快。史公胸中先持此断，惜而不发，故结尾重于千金。

太史公曰：【眉批】节斋云：此赞三段。一段褒中有贬，中段贬中有褒，下段归罪太后。魏其、武安皆以外戚重，灌夫用一时决策而名显。魏其之举以吴楚，武安之贵在日月之际。│然魏其诚不知时变，灌夫无术而不逊，两人相翼，乃成祸乱。李云：两人取祸断案。【眉批】李云：论三人曲直，可以定未定之案，其中言质情惨，乖戒昭然，可为实录。武安负贵而好权，杯酒责望，陷彼两贤。｜呜呼哀哉！迁怒及人，命亦不延。众庶不载，竟被恶言。呜呼哀哉！祸所从来矣！（○）【眉批】藏山云：扬中有抑，抑中有扬。明归罪于武安，又暗归罪于太后。二"呜呼哀哉"字，呜咽感慨，一结烟波千里。【眉批】吴云：淡远。

【总评】吴齐贤云：此三人合传也。虽只是使酒一案，若搏捏不凑，则穿插不来；穿插不来，则章法便散缓矣。此文家第一费手事也。他只用宾客作主，窦太后、王太后，两两相照，组织成文。而中间复插入梁王、淮南王、条侯、高遂、桃侯、田胜、丞相绾、籍福、赵绾、王藏、许昌、庄青翟、韩安国、盖侯、颍阴侯、窦甫、临汝侯、程不识、汲黯、郑当时、石建。许多人，提花攒（簇）锦，灿然可观。是固史公一篇佳文字也。

又云：写宾客忽集魏其，忽集武安。一盈一虚，各有序法。读之令人感动。

又云：三人传，分作三截，各为一章，犹不称好手。他却三人，打成一片，水乳交融，绝无痕迹。如入田蚡，紧接魏其；先序魏其，带出灌夫，其神理可见。

又云：三人有一人单序处，两人双序处，三人合序处竟有撇却三人于虚空别序处，不可不细看也。

又云：窦太后、王太后，两半分映；梁王、淮南王，首尾相照极妙，安顿章法。

又云：其写醉语、怒语、对簿语、忙语、间语，句句不同。至武帝亦不直武安，无奈太后何，亦欲廷臣公论，乃诸臣竟不做声，遂发作郑当时，是一肚皮不快活语，一一入妙。

又云：吾尤爱其淮南王事，忙时不及回笔，乃于篇末作波。魏其、武安对质语，反从韩安国口中说出，神化乃尔耶。

又云：写灌夫使酒，不一笔写。先写其醉搏窦甫，以为引起，至丞相戏许，灌夫起属丞相，必以为使酒矣，乃偏放过，顿住，插入请田一事，以为前后构衅使酒之根是何如神力欤？

李晚芳云：魏其侯，贤者也，而无恒操。观其引酒却梁王，毅然有古大臣风，及忤太后，免官削门籍，坦然而归，无所介意。上以吴楚反起之，数辞而后就职，何从容也。所得上赐，陈之外廊，任军吏取用。金不入室，仕官如此，可不谓贤哉！不听籍福之说，果来众毁以嫉恶罢相，仍不失为贤。使恒秉前操，坦然林下，虽百田蚡，何敢害之？乃悻悻不自安，与失职之灌夫，同病邀结，发无聊之慨，浅矣！又徇灌夫之说，逢迎丞相，大类势利之徒，何其卑也。田、灌之郄，事皆由己，尚不觉悟。乃强灌夫，饮丞相酒，以醉致衅，因救夫而自陷。志虽烈，而事先舛矣。夫蚡小人也，未贵时，常侍酒魏其，一旦位加其上，未免志骄气亢，思玩弄之，以释前嫌，自是小人常态。灌夫不知，堕其术中。魏其愚憒，受其侮弄。夫当灌夫荷戟入吴军，声冠天下；魏其刻日平吴楚，功震朝廷；蚡不过籍椒房之亲，无寸功于汉，位虽高，未尝不心悸之。及窥二人足恭如此，遂视丞相，为天下莫敢当，愈肆其骄恣无忌之心，此请田所由来也。请之不得，则生怨。怨极则成仇，以投间置散之官以抗赫赫当朝之相，又有太后偏护于内，窦、灌不死，不可得也。窦、灌之死，天下莫不谓田蚡死之，太后死之。以余观之，实窦、灌之自取死耳，于人乎何尤？

又云：篇中叙魏其之贵以功，序武安之贵以戚，贤否判矣。序引酒却梁王，与受淮南金反对。陈金于廊，听军吏裁取，与益地请田反对。平吴楚受封，与日益贵幸反对。或虚叙或实叙，无不入妙。一贤一奸，判若天渊。而史公合而传之者，以其始相倾，继想轧，终则相死也。中插一悻悻不平之灌夫，为两传联络，是附传，故始终毕序。叙武安，始则服役魏其，继则比肩魏其，后则高驾魏其，地位随时变换。面孔声口，亦随时变换。一经太史之笔，便变幻异常，令人失笑，不独武安也。贤如灌夫，于入吴军，写其孝勇；颍水歌，写其豪横；结魏其，写其同病相怜之密；援武安，写其降心俯就之卑。面孔心肠，亦若随时变换。序其使酒骂座。又借夫口，骂尽满朝趋炎附势之徒。面孔心肠，随时变换。叙两人，而有数十佰人，笑貌声音，共聚笔端。非笔大如椽，何能刻画至此。

西巖山云：叙其可喜者，使人能喜；写其可怒者，使人能怒。令哀令乐，令泣令笑者，谓之能动人。能动人，始谓之真文章矣。读此篇，不喜魏其、灌夫之直，不怒武安之佞者，非人也。

史记十传纂评卷之七　毕

史记十传纂评卷之八

李将军

　　李将军广者，陇西成纪人也。其先曰李信，秦时为将，逐得燕太子丹者也。故槐里，徙成纪。广家世世受射。（◎）薇山云：伏李陵善骑射。【眉批】薇山云：射字贯全篇，与魏其、武安传宾客同一法。【眉批】吴云：射字一篇眼目。孝文帝十四年，匈奴大入萧关，而广以良家子从军击胡，薇山云：承得燕太子丹。【眉批】薇山云：匈奴大入，与匈奴大小七十余战，遂降匈奴云云，首尾呼应一篇之线。用善骑射，（◎）吴云：射一。杀首虏多，为汉中郎。薇山云：伏广数奇。广从弟李蔡亦为郎，皆为武骑常侍，秩八百石。【眉批】吴云：顺便插入一李蔡，以为照应。【眉批】薇山云：一则杀首卤多而为郎，一则无功而为郎，数奇之伏。尝从行，有所冲陷折关及格猛兽，而文帝曰："惜乎，子不遇时！如令子当高帝时，万户侯岂足道哉！"│（〇）薇山云：承"八百石"。【眉批】吴云：借文帝一叹，为数奇不侯之案。通篇神理，于此挽合。【眉批】薇山云：魏其武安传，结末以使武安在族矣云云，武帝之语为断。此以文帝之语，先断广终身之不遇，后详叙其事，可观文法变化。

　　及孝景初立，广为陇西都尉，徙为骑郎将。吴楚军时，广为骁骑都尉，从太尉亚夫击吴楚军，取旗，显功名昌邑下。（、）以梁王授广将军印，还，赏不行。（、）吴云：数奇。徙为上谷太守，匈奴日以合战。典属国公孙昆邪为上泣曰："李广才气，天下无双，自负其能，数与虏敌战，恐亡之。"（〇）【眉批】薇山云：此"泣"字，下一军皆哭，老庄皆垂涕之伏。【眉批】薇山云：以昆邪之语，赞其才能，伏其死亡也。于是乃徙为上郡太守。后广转为边军太守，徙上郡。尝为陇西、北地、雁门、代郡、云中太守，皆以力战为名。│（、）薇山云：陇西以下数处之战，以一句虚写略叙。【眉批】吴云：忽入间人作波，盖正好立功处，而一语即徙，正写其数奇，恐亡之，照下为匈奴生得。【眉批】吴云：即徙郡带下，总挚作一束省法。

匈奴大入上郡，天子使中贵人从广勒习兵击匈奴。吴云：直接上为上郡太守事。中贵人将骑数十纵，见匈奴三人，（、）与战。三人（、）还射，（◎）伤中贵人，杀其骑且尽。【眉批】吴云：三人杀数十骑，足见中贵之无用，而监军之可废也。中贵人走广。广曰："是必射雕者也。"（〇）吴云：先断一句，回合成妙。广乃遂从百骑（、）往驰三人。（、）【眉批】吴云：百骑驰三人，不见广勇，唯不用百骑，而自身射之，正极写广勇也。三人（、）亡马步行，行数十（、）里。广令其骑张左右翼，而广身自射彼三人（、）者，吴云：射二。杀其二人，（、）生得一人，（、）果匈奴射雕者也。（〇）吴云：回映一句，文情之妙。【眉批】薇山云：以射雕者反衬李广，项羽纪与叙娄烦处同一法。【眉批】吴云：多少"三人"、"二人"、"一人"，错落有致。已缚之上马，（、）望匈奴有数千骑，（、）见广，以为诱骑，皆惊，上山陈。广之百（、）骑皆大恐，欲驰还走。广曰："吾去大军数十里，今如此以百骑走，匈奴追射（◎）我立尽。今我留，匈奴必以我为大军诱之，必不敢击我。"广令诸骑曰："前！"前未到匈奴陈二里所，止，令曰："皆下马解鞍！"（、）吴云：顿折姿致如亲见之。【眉批】吴云：此处令诸骑解鞍，而广未解也。【眉批】吴云：留、止事，前之说明，此有急者，添一意外之虑也。其骑曰："虏多且近，即有急，奈何？"广曰："彼虏以我为走，今皆解鞍以示不走，用坚其意。"于是胡骑遂不敢击。吴云：一顿住。有白马将（〇）吴云：再起。【眉批】吴云：作两层写妙。出护其兵，李广上马与十余骑（、）奔射（◎）杀胡白马将，（〇）吴云：射三。【眉批】吴云：前未解鞍也。而复还至其骑中，解鞍，令士皆纵马（、）卧。【眉批】吴云：此李广乃解鞍，而士则纵马卧也。是时会暮，（、）胡兵终怪之，不敢击。夜半时，胡兵亦以为汉有伏军于旁欲夜（、）取之，胡皆引兵而去。【眉批】吴

云：又插一句，亦作两层写。平旦，（、）李广乃归其大军。吴云：完上"大军"字。大军不知广所之，故弗从。｜

居久之，孝景崩，武帝立，左右以为广名将也，（〇）【眉批】蕴山云：又以赞语提起。于是广以上郡太守为未央卫尉，而程不识亦为长乐卫尉。【眉批】吴云：无端插入一句程不识，固是以客形主，而即以卫尉带入，又以边太守回合，妙！程不识故与李广俱以边太守将军屯。及出击胡，而广行无部伍行阵，就善水草屯，舍止，人人自便，不击刁斗以自卫，莫府省约文书籍事，然亦远斥候，未尝遇害。（、）程不识正部曲行伍营阵，击刁斗，士吏治军簿至明，军不得休息，然亦未尝遇害。（、）【眉批】吴云：竟作两对，俱以"然"字转。【眉批】吴云：下衍两段，正收上两段也，于不识口中序出，反客作主妙。不识曰："李广军极简易，然虏卒犯之，无以禁也；而其士卒亦佚乐，咸乐为之死。（、）我军虽烦扰，然虏亦不得犯我。"（、）是时汉边郡李广、程不识皆为名将，然匈奴畏李广之略，士卒亦多乐从李广而苦程不识。（〇）【眉批】吴云：又作两对，亦以两"然"字转。【眉批】蕴山云：孰主孰客，参互错综，皆以"名将"结之，"然"字一转，主客自判。【眉批】吴云：又总一收，而李广行军方略，借此俱序出，奇肆乃尔。程不识孝景时以数直谏为太中大夫。为人廉，谨于文法。【眉批】吴云：带序完程不识事，作附传体。

后汉以马邑城诱单于，使大军伏马邑旁谷，而广为骁骑将军，领属护军将军。是时单于觉之，去，汉军皆无功。（〇）｜吴云：数奇。其后四岁，广以卫尉为将军，出雁门击匈奴。匈奴兵多，破败广军，生得广。单于素闻广贤，（〇）【眉批】吴云：注一句，明上生得之故，并得脱之由，上下文情俱动。令曰："得李广必生致之。"胡骑得广，广时伤病，置广两马间，络而盛卧广。【眉批】蕴山云：无功破败，生得伤病、佯死、当斩云云，广数奇累层写出。行十余里，广佯死，睨其旁有一胡儿骑善马，广暂腾而上胡儿马，因推堕儿，取其弓，鞭马南驰数十里，复得其余军，因引而入塞。匈奴捕者骑数百追之，广行取胡儿弓，射（◎）杀追骑，吴云：射四。【眉批】吴云：写得详尽，又复俊妙，非史公不能。以故得脱。于是至汉，汉下广吏。吏当广所失亡多，为虏所生得，当斩，赎为庶人。吴云：数奇。

顷之，家居数岁。广家与故颍阴侯孙屏野居蓝田南山中射（◎）猎。尝夜从一骑出，从人田间饮。还至霸陵亭，霸陵尉醉，呵止广。广骑曰："故李将军。"【眉批】薇山云：故李将军一语，知李广名声，轰朝野内外。尉曰："今将军尚不得夜行，何乃故也！"止广宿亭下。居无何，匈奴入杀辽西太守，败韩将军，韩将军后徙右北平。于是天子乃召拜广为右北平太守。广即请霸陵尉与俱，至军而斩之。【眉批】吴云：琐细事，写得如许曲折。兼写李广之度量。

广居右北平，匈奴闻之，号曰"汉之飞将军"，避之数岁，不敢入右北平。（◎）吴云：右北平，空写、只写闲事。【眉批】薇山云：上以文帝、公孙、昆邪之言，虚写其才能，以匈奴此号实叙其言。

广出猎，见草中石，以为虎而射（◎）之，吴云：射五。中石没镞，视之石也。因复更射（◎）之，终不能复入石矣。【眉批】吴云：写广之射，不在中石没镞，偏写其不能复入石。正反形其初中没镞之神勇，盖曰：即李广亦不可再得矣。广所居郡闻有虎，尝自射（◎）之。及居右北平射（◎）虎，吴云：射六。虎腾伤广，广亦竟射（◎）杀之。【眉批】吴云：写射石，反写不入石；写射虎，反写腾伤广。盖虎腾伤广，极写虎之勇，广竟射杀之，正反衬广之勇也。【眉批】吴云：右北平时，只写一闲事，以见匈奴不入边，而从容射猎如此。【眉批】薇山云：使广以此才能生汉楚纷乱战斗之际，与韩信、彭越、黥布，同驱逐纵横于中原焉，则攻城野战，奇策妙谋，不可胜枚举。今无所用于雄略宏图，区区射猎涉日，乃实文帝之言也。

广廉，得赏赐辄分其麾下，饮食与士共之。薇山云：是画家精彩着色之处。终广之身，为二千石四十余年，（◎）吴云：总序，应为入边郡太守。家无余财，终不言家产事。(○)吴云：此总序其为将。【眉批】吴云：广为人，篇首未曾序。因北平无事序其射，又因射，并序其为人，章法之妙。广为人长，猨臂，其善(○)射(◎)亦天性也，吴云：射七。虽其子孙他人学者，莫能及广。广讷口少言，与人居则画地为军陈，射(◎)阔狭以饮。吴云：射八。专以(○)射(◎)为戏，竟死。广之将兵，乏绝之处，见水，士卒不尽饮，广不近水，士卒不尽食，广不尝食。吴云：又重叙其将略，顶为人两段来。宽缓不苛，士以此爱乐为用。其(○)射，(◎)见敌急，非在数十步之内，度不中不发，发即应弦而倒。吴云：射九。用此，其将兵数困辱，吴云：应上生得。其(○)射(◎)猛兽亦为所伤云。(○)吴云：应虎腾伤。【眉批】薇山云：史公文亦常用此惜不发法。东坡云：惜墨如金，诗文书画之妙手，用工夫于此处，博取声誉者多矣。【眉批】吴云：上数段因射序起，故仍以射总收结还。下又序事。

居顷之，石建卒，吴云：遥接徙右北平。于是上召广代建为郎中令。元朔六年，广复为后将军，从大将军军出定襄，击匈奴。诸将多中首虏率，以功为侯者，而广军无功。(、)吴云：数奇。后三岁，广以郎中令将四千(、)骑出右北平，博望侯张骞将万骑与广俱，异道。行可数百里，匈奴左贤王将四万(、)骑，吴云：应四千骑。【眉批】吴云：四千骑、四万骑，一以当十危矣。此独以数十骑，极写李敢。骑围广，广军士皆恐，(、)广乃使其子敢往驰之。吴云：倒插入李敢。敢独与数十(、)骑驰，直贯胡骑，出其左右而还，告广曰："胡虏易与耳。"军士乃安。(、)吴云：忙中一顿。广为圜陈外向，胡急击之，矢下如雨。(、)汉兵死者过半，汉矢且尽。(、)吴云：写得危急。广乃令士持满毋发，而广身自以大黄射(◎)吴云：射十。其裨将，杀数人，胡虏益解。会日暮，吏士皆无人色，(、)而广意气自如，益治军。军中自是服其勇也。(、)吴云：又一顿。【眉批】薇山云：军士皆恐、军士乃安、士皆无人色、服其勇也。皆反衬句法。明日，复力战，而博望侯军亦至，匈奴军乃解去。汉军罢，弗能追。是时广军几没，罢归。汉法，博望侯留迟后期，当死，赎为庶人。广军功自如，无赏。（、）｜吴云：数奇。【眉批】藏山云：广军无功，广军自如无赏，数回顿折，以李蔡军吏及士卒，反衬广数奇，迫出下燕语，一篇凑合归着之处。郁勃淋漓，悲壮感愤。

初，广之从弟李蔡与广俱事孝文帝。吴云：遥接篇首为郎事。景帝时，蔡积功劳至二千石。（、）孝武帝时，至代相。（、）以元朔五年为轻车将军，（、）从大将军击右贤王，有功中率，封为乐安侯。（、）元狩二年中，代公孙弘为丞相。（、）蔡为人在下中，名声出广下甚远，然广不得爵邑，官不过九卿，而蔡为列侯，位至三公。【眉批】吴云：插入李蔡，正与不侯相形，回合成妙。故不胜慨叹。遂尔畅言之，所以起下文李广之一问也。诸广之军吏及士卒或取封侯。（○）【眉批】吴云：借李蔡诸人相形，而通篇之不遇时、无功、生得、无赏诸事，俱收入于内。广尝与望气王朔燕语，曰："自汉击匈奴而广未尝不在其中，而诸部校尉以下，才能不及中人，然以击胡军功取侯者数十人，而广不为后人，然无尺寸之功以得封邑者，何也？（、）岂吾相不当侯邪？且固（、）命（◎）也？"吴云：两句一折，极俊宕。【眉批】藏山云：以广言收上。【眉批】吴云：此问正从上文落下。【眉批】吴云：又以两"然"字对转。朔曰："将军自念，岂尝有所恨乎？"广曰："吾尝为陇西守，羌尝反，吾诱而降，降者八百余人，吾诈而同日杀之。至今大恨独此耳。"【眉批】藏山云：又以广言追叙。朔曰："祸莫大于杀已降，此乃将军所以不得侯者也。"｜【眉批】吴云：陇西太守前总序，杀降事，乃借此补出。【眉批】吴云：以朔语为不侯注脚，又以下段为王朔语注脚，妙！若庸手为之，便总序传后矣。

后二岁，大将军、骠骑将军大出击匈奴，广数自请行。天子以为老，吴云：五字中伏下诚卫青。弗许；良久乃许之，以为前将军。是岁，元狩四年也。（○）吴云：补出年月，借势一顿。【眉批】藏山云：广之死，揭年号，以惜其死。

广既从大将军青击匈奴，既出塞，青捕虏知单于所居，乃自以精兵走之，而令广并于右将军军，出东道。东道少回远，而大军行水草少，其势不屯行。【眉批】吴云：写得曲折，隐归过于大将军。广自请曰："臣部为前将军，今大将军乃徙令臣出东道，且臣结发而与匈奴战，今乃一得当单于，臣愿居前，先死单于。"（〇）吴云：悲壮之语，千古如生。【眉批】吴云：得意之语，前所遇者，左贤王等也。大将军青亦阴受上诫，以为李广老，数奇，（◎）【眉批】吴云：通篇发数奇意，至此说出数奇，正照"且固命也"。【眉批】薇山云："数奇"字，画龙点睛，起下自刎。毋令当单于，恐不得所欲。而是时公孙敖新失侯，为中将军从大将军，大将军亦欲使敖与俱当单于，故徙前将军广。【眉批】吴云：作两层写，而"勿令当单于"，与"俱当单于"，作双应，情事乃尽。广时知之，固自辞于大将军。大将军不听，令长史封书与广之幕府，曰："急诣部，如书。"【眉批】吴云：书即徙东道之书也，不了了，妙。广不谢大将军而起行，意甚愠怒而就部，引兵与右将军食其合军出东道。军亡导，或失道，后大将军。大将军与单于接战，单于遁走，弗能得而还。南绝幕，遇前将军、右将军。广已见大将军，还入军。大将军使长史持糒醪遗广，因问广食其失道状，吴云：应前"长史"、"书"。青欲上书报天子军曲折。吴云：奇句。广未对，大将军使长史急责广之幕府对簿。吴云：应幕府受书。广曰："诸校尉无罪，乃我自失道。吾今自上簿。"吴云：怒语如见，应前愠怒。【眉批】吴云："老"、"弗许"、"徙道"、"上诫"、"欲使敖"、"急诣部"、"责"、"对簿"，无数挫折请行、"请"、前"固辞"、"不谢"、"自上簿"，无限愤恨，俱于此写出。

至幕府，广谓其麾下曰："广结发与匈奴大小七十余战，（〇）吴云："结发"应前。吴云：七十余战补序。今幸从大将军出接单于兵，而大将军又徙广部行回远，而又迷失道，岂非天哉！（〇）吴云：以"天"

字结。"数奇"应"且固命"也。【眉批】吴云：节节序出，愤恨如见。**且广年六十余矣，终不能复对刀笔之吏。"遂引刀自刭。**（○）广军士大夫一军皆哭。**百姓闻之，知与不知，无老壮皆为垂涕。**（◎）【眉批】薇山云：军士大夫泣、一军泣、百姓泣，千载之下，读至此无泪者，非丈夫也。数奇之极，无功无赏，岂足言乎？而右将军独下吏，当死，赎为庶人。【眉批】吴云：足见广不必死，青杀之也。

广子三人，曰当户、椒、敢，为郎。天子与韩嫣戏，嫣少不逊，当户击嫣，嫣走。于是天子以为勇。当户早死，拜椒为代郡太守，皆先广死。当户有遗腹子名陵。【眉批】吴云：完当户。椒事倒插入李陵。广死军时，敢从骠骑将军。广死明年，李蔡以丞相坐侵孝景园墙地，当下吏治，蔡亦自杀，【眉批】吴云：又插叙完李蔡事，亦就广死带入。不对狱，国除。【眉批】吴云：不对狱，又为不对簿作波。李敢以校尉从骠骑将军击胡左贤王，吴云：遥接。力战，夺左贤王鼓旗，斩首多，赐爵关内侯，食邑二百户，代广为郎中令。【眉批】吴云：少为不侯吐气。顷之，怨大将军青之恨其父，乃击伤大将军，大将军匿讳之。居亡何，敢从上雍，至甘泉宫猎。骠骑将军去病与青有亲，射杀敢。去病时方贵幸，上讳云鹿触杀之。吴云：应匿讳之。居岁余，去病死。吴云：闲笔。而敢有女为太子中人，（○）【眉批】吴云："而"字，从去病贵幸接来。爱幸，敢男禹有宠于太子，然好利，吴云：照广廉，不言生产。**李氏陵迟衰微矣。**（、）│【眉批】吴云：完李敢事。

李陵既壮，选为建章监，吴云：接遗腹子。监诸骑。善（○）射，（◎）爱士卒。（○）【眉批】薇山云：击嫣，不封狱，尚有广风；善射，爱士卒，大有广风。【眉批】吴云：世世受射，"射"字余波十一。天子以为李氏世将，而使将八百骑。尝深入匈奴二千余里，过居延视地形，无所见虏而还。拜为骑都尉，将丹阳楚人五千人，教**射**（◎）吴云：射十二。【眉批】吴云：即教射五千人。酒泉、张掖以屯卫胡。

数岁，天汉二年秋，贰师将军李广利将三万骑击匈奴右贤王于祁连天山，而使陵将其射（◎）士步兵五千人出居延北可千余里，欲以分匈奴兵，毋令专走贰师也。陵既至期还，而单于以兵八万（、）围击陵军。陵军五千人，（、）【眉批】吴云：再叠"五千人"句，应上"八万"，以见不敌。兵矢既尽，士死者过半，【眉批】吴云：赞一句。而所杀伤匈奴亦万余人。且引且战，连斗八日，【眉批】吴云：又赞一句，所以深出李陵也。还未到居延百余里，匈奴遮狭绝道，陵食乏而救兵不到，虏急击招降陵。陵曰："无面目报陛下。"遂降匈奴。其兵尽没，余亡散得归汉者四百余人。（、）【眉批】吴云：完五千人。

单于既得陵，素闻其家声，及战又壮，乃以其女妻陵而贵之。汉闻，族陵母妻子。【眉批】吴云：挽上李广一传。自是之后，李氏名败，而陇西之士居门下者皆用为耻焉。（、）

太史公曰：《传》曰"其身正，不令而行；其身不正，虽令不从"。其李将军之谓也？｜余睹李将军悛悛如鄙人，口不能道辞。及死之日，天下知与不知，皆为尽哀。彼其忠（○）实心（◎）诚信于士大夫也？（○）｜谚曰"桃李不言，下自成蹊"。此言虽小，可以喻大也。（○）吴云：以俊语结。【眉批】节斋云：此赞三段。首段引传语入题；中段以所亲睹证之；末段引谚语结之。前后虚，主意在中段。照映为文，法度谨严，而不失风致，史赞中希见者。【眉批】薇山云：此赞神韵风调，极绝极高，戛戛琅琅，有金石之响。【眉批】吴云：李将军如许英雄人杰，乃以"忠实"二字结，乃知虚浮之人，决非英雄也。

【总评】吴齐贤云：李将军战功如此，平序直序，固亦可观。乃忽分为千绪万缕。或入议论，或入感叹，或入一二闲事，妙矣！又忽于传外插入一李蔡、一程不识，四面照耀，通体皆灵，可称文章神伎。

又云：吾尤爱其以李将军行军方略，于程不识口中序出；广之为人，反从射虎带下；而其不侯杀降事，偶在王朔燕语点明。错综变化，纯用天机，有意无意之间，令人莫测。

又云：插李蔡至封侯拜相，正叹其不侯。追未几而自杀矣，国除矣，转瞬之间，灰飞烬灭，即封侯拜相，亦何在哉？正所以深叹其不侯也。

又云：此篇以"射"字贯，故中间"射"字，凡十二回合。而首以文帝叹其不遇，末以武帝诚其数奇。前后互挽，是一篇主意。

又云：序杀三人处、纵马卧处、生得胜马处、大黄射裨将处，极力摹写，如亲见闻之。

又云：他人能忙，此独闲，闲正其忙处也；他人能整，此独乱，乱正其整处也。唯史公能之。

西藏山云：李广，汉之名将，与韩信无异也。今读其传，结发从军，年六十，与匈奴大小七十余战，可谓多矣。然若木罂、若背水、若囊沙，不见一奇策妙谋之可喜可惊焉。而使文帝发不遭时之叹，使公孙、昆邪泣而为天下无双之评，使左右为名将也之赞。单于闻其贤而慕之，匈奴号汉飞将军而避之。及其死也，一军皆哭，老壮垂涕，抑有何实而然哉？读至论赞曰：其忠实心，诚信于士大夫也。呜呼！此其实也。此其神也。此其所以为名将也。若无忠实之精神，虽有奇策妙谋，而曹操耳、吕布耳，史公能画神。李广之射入神，史公之文亦入神，可称之双绝也。

史记十传纂评卷之八　毕

史记十传纂评卷之九

游侠

【眉批】节斋云：此叙四段。一段引韩子语，以立一篇案。韩子之意盖云：儒侠之于天下，有害而无益。二段史公翻此意以立论，故举儒之隐而维持名教者，以证儒之不可无。如游侠其功固不及儒，然其言行必信士之遇难者，不得不仰助于侠，故历举古圣贤遭蓄者以证侠之不可无。儒、侠之不可无如此，韩子之语岂其然乎？翻韩语之意至此将尽。三段乍借鄙人至卑至陋之语，以反映游侠。再顾儒以抑之，又举功效之速以扬之，翻韩语之意至此十分完足，无复遗憾。四段言作传之意。前引四君，后引豪慕之徒，前后照映，皆言侠之不可不传也。文如断如续，具抑扬开合，宾主操纵之诸能事。熟读千遍，必知吾言之不非矣。

韩子曰："儒以文乱法，而侠以武犯禁。"【眉批】吴云：首二句，以儒侠相提而论，借客形主下应。二者皆讥，而学士多称于世云。（、）│吴云：侧重一句儒是史公立言主意。至如以术取宰相卿大夫，薇山云：暗指公孙弘。辅翼其世主，功名俱著于春秋，固无可言者。（○）│薇山云：一撇骂去。及若季次、原宪，闾巷人也，读书怀独行君子之德，吴云：闾巷之儒，照闾巷之侠。义不苟合当世，当世亦笑之。薇山云：抑。故季次、原宪终身空室蓬户，褐衣疏食不厌。吴云：一段儒。死而已四百余年，薇山云：扬。而弟子志之不倦。│薇山云：应称于世。今游侠，其行虽不轨于正义，薇山云：抑。然（◎）其言必信，（、）薇山云：扬。其行必果，已诺必诚，不爱其躯，趣士之阸困，既已存亡死生矣，（、）吴云：句法。而不矜其能，羞伐其德，盖亦有足多者焉。（、）吴云：一段侠。

且缓急，人之所时有也。（○）吴云：折宕处，极有手神。【眉批】薇山云："且缓急"云云，语调有金石之响。太史公曰：昔者虞舜窘（、）于井廪，伊尹负（、）于鼎俎，傅说匿于傅险，吕尚困（、）于棘津，夷吾桎梏，(、)百里饭牛，(、)仲尼畏(、)匡，菜色(、)陈、蔡。此皆学士所谓有道仁人也，犹然遭此菑，况以中材而涉乱世之末流乎？(、)【眉批】吴云：感叹处史公自道，故曲折悲愤。其遇害(○)何可胜道哉！(、)吴云：一段儒。【眉批】薇山云：文情凄怨将绝。

鄙人有言曰："何知仁义，已向其利者为有德。"吴云：正应遭菑涉世接下。故伯夷丑周，饿死首阳山，而文武不以其故贬王；跖、蹻暴戾，其徒诵义无穷。【眉批】薇山云：借鄙谚写世情，反衬游侠。"而"字太重与伯夷传，而伯夷、叔齐耻之云云，用法同。由此观之，"窃钩者诛，吴云：一段侠。窃国者侯，侯之门仁义存"，吴云：对何知仁义二句。非虚言也。【眉批】吴云：与前段对照，极其感叹。今拘学或抱咫尺之义，吴云：一段儒。

久孤于世，岂若卑论侪俗，与世沈浮而取荣名哉！【眉批】薇山云：写公孙弘心事，论赞貌荣名伏。【眉批】吴云：名声是一篇主意。而(◎)布衣之徒，设取予然诺，千里诵义，为死不顾世，此亦有所长，非苟而已也。吴云：一段侠。故士(、)穷窘(○)而得委命，此岂非人之所谓贤豪间者邪？吴云：一段儒。诚使乡曲之侠，予季次、愿宪比权量力，效功于当世，不同日而论矣。吴云：一段侠。要以功见言信，侠客之义又曷可少哉！(、)【眉批】薇山云：应上主客错综，以"要"字入主极扬。【眉批】吴云：儒侠叠发，至此方收归本题。

古布衣之侠，靡得而闻已。【眉批】吴云：布衣闾巷，是主意。一有凭籍，便不足重，故下详言之。近世延陵、孟尝、春申、平原、信陵之徒，吴云：又借五人引起。皆因王者亲属，藉于有土卿相之富厚，招天下贤者，显名诸侯，不可谓不贤者矣。【眉批】吴云：前有多少层折，方入本题，以为止矣。偏又翻出一层，落下匹夫之侠。此如顺风而呼，声非加疾，其势激也。至如闾巷之侠，修行砥名，声施于天下，莫不称贤，是为难耳。(、)【眉批】吴云：闾巷布衣匹夫之侠，是著意处。然(◎)儒、墨皆排摈不载。吴云：又挽定"儒"字。【眉批】薇山云：儒者不唯不载之而已，儒者又杀之，痛愤之语。自秦以前，匹夫之侠，湮灭不见，吴云：遥接布衣之侠，靡得而闻。余甚恨之。以余所闻，吴云：紧接。汉兴有朱家、田仲、王公、剧孟、郭解之徒，【眉批】吴云：延陵、孟尝、春申、平原、信陵之徒，五虚五实。虽时扞当世之文罔，薇山云：抑。然（◎）其私义廉洁退让，有足称者。（○）薇山云：扬。【眉批】吴云：总序朱家五人之目，又三实二虚，三详二略。名不虚立，士不虚附。薇山云：论赞名有既乎之伏。至如朋党宗强比周，设财役贫，豪暴侵凌孤弱，恣欲自快，薇山云：抑。【眉批】吴云：朋党豪暴，照后姚氏、杜氏一流人。游侠亦丑之。薇山云：扬。余悲（○）世俗不察其意，薇山云：一结凌婉悲壮。而猥以朱家、郭解等令与暴豪之徒同类而共笑之也。【眉批】吴云：借延陵、孟尝卿相之侠，引出朱家、田仲布衣之侠，可以止矣。偏又总序跌宕，反出豪暴之徒，直兜篇末姚杜诸人其才力如此。

　　鲁朱家者，与高祖同时。鲁人皆以儒（○）教，而朱家用侠（○）闻。吴云：儒教余波。【眉批】吴云：朱家、郭解五人之中一项一未也反挑一笔，就"朱家"二字借势落入本传。奇妙！所藏活豪士以百数，其余庸人不可胜言。吴云：应"扞当世之文罔"。【眉批】薇山云：取响于起手韩子语来，入叙事。然（◎）终不伐其能，歆其德，诸所尝施，唯恐见之。（○）吴云：应"不矜其能，羞伐其德"。振人不赡，先从贫贱始。家无余财，衣不完采，食不重味，乘不过𬴊牛。专趋人之急，甚己之私。（○）吴云：应"不爱其躯，趣士之急"。既阴脱季布将军之阨，（○）吴云：所云藏活豪士。及布尊贵，终身不见也。（○）吴云：所云唯恐见之。【眉批】薇山云："然"字以下，如叙如议，又如赞。"既"字一转，入实事证之。自关以东，莫不延颈愿交焉。｜楚田仲以侠闻，吴云：田仲虚略。喜剑，父事（○）朱家，自以为行弗及。【眉批】吴云：朱家一传，只于空处写，即季布事亦不详书，以实为虚，神妙如此。田仲已死，而雒阳有剧孟。【眉批】吴云：朱家传带出田仲，略序，即从田仲带入剧孟，章法之妙。周人以商贾为资，而剧孟以任侠显诸侯。吴云：正写只一句，下俱以侧笔于四旁写。吴楚反时，条侯为太尉，乘传车将至河南，得剧孟，喜曰："吴楚举大事而不求孟，吾知其无能为已矣。天下骚动，宰相得之若得一敌国云。"（〇）吴云：入一赞语为出色。【眉批】藏山云：以"大事"、"天下"、"敌国"等字，写眇眇一剧孟。叙事简洁，寸铁杀人。剧孟行大类朱家，而好博，多少年之戏。吴云：又挽合朱家。【眉批】吴云：剧孟传，亦只于空处写。然（〇）剧孟母死，自远方送丧盖千乘。（〇）及剧孟死，家无余十金（〇）之财。｜【眉批】藏山云："千乘"、"十金"，呼应妙。而符离人王孟亦以侠称江淮之间。｜吴云：王孟虚略只一句。是时济南瞷氏、陈周庸亦以豪闻，景帝闻之，（〇）【眉批】藏山云：民间一匹夫，天子闻之云云，其名声之隆可知也。使使尽诛此属。其后代诸白、梁韩无辟、阳翟薛况、陕韩孺纷纷复出焉。【眉批】吴云：忽于传外，添出许多人，以为照应波澜，然大抵所云，何足道者也。

郭解，轵人也，字翁伯，善相（〇）人者许负外孙也。【眉批】吴云：郭解传似特起，而实从景帝诛诸侠落下。解父以任侠，孝文时诛死。藏山云：其祖、其父已非常人。【眉批】吴云：家世任侠，家世刑戮。写小人怙终如此。解为人短小精悍，不饮酒。藏山云：论赞伏。少时阴贼，慨不快意，身所杀甚众。藏山云：抑。以躯借交报仇，吴云：应"不爱其躯，趣士之急"。藏命作奸剽攻不休，及铸钱发冢，固不可胜数。吴云：应"扞当世之文罔"。适有天幸，窘急常得脱，若遇赦。藏山云：扬。【眉批】藏山云：善恶混淆，其善者极善，其恶者极恶。及解年长，更折节为俭，以德报怨，吴云：伏箕踞事。厚施而薄望。（、）吴云：伏姊子事。藏山云：抑。然其自喜为侠益甚。吴云：伏居间事。既已振人之命，藏山云：扬。不矜其功，其阴贼著于心，吴云：应不矜其功，羞伐其德。卒发于睚眦如故云。藏山云：抑。吴云：伏扬季主事。【眉批】吴云：先总序一段，后事俱从此序出。而少年慕其行，亦辄为报仇，不使知也。┃吴云：伏儒生事。解姊子负解之势，与人饮，使之嚼。【眉批】薇山云：其姊亦非常人。有此祖此父，又有此姊，宜矣。解之所为之非常也。非其任，强必灌之。人怒，拔刀刺杀解姊子，亡去。解姊怒曰："以翁伯之义，人杀吾子，贼不得。"弃其尸于道，弗葬，欲以辱解。解使人微知贼处。贼窘自归，具以实告解。解曰："公杀之固当，吾儿不直。"遂去其贼，罪其姊子，（〇）乃收而葬之。诸公闻之，皆多解之义，益附焉。(、)┃吴云：此节应"以德报怨"。【眉批】薇山云：非唯少年慕之，诸公亦多其义，进层文法。

解出入，人皆避之。有一人独箕倨视之，解遣人问其名姓。客欲杀之。解曰："居邑屋至不见敬，是吾德不修也，（〇）彼何罪！"乃阴属尉吏曰："是人，吾所急也，至践更时脱之。"【眉批】吴云：急解情功。【眉批】吴云：引咎足矣。践更阴脱，曲写其立异好名之过。止为下边一句也。每至践更，数过，吏弗求。怪之，问其故，乃解使脱之。箕倨者乃肉袒谢罪。少年闻之，愈益慕解之行。(、)┃吴云：此节应"折节"。【眉批】薇山云：以其姊与箕踞者及贤豪反衬郭解，逐层著其言行之非常。

雒阳人有相仇者，邑中贤豪居间者以十数，终不听。客乃见郭解。解夜见仇家，仇家曲听解。解乃谓仇家曰："吾闻雒阳诸公在此间，多不听者。今子幸而听解，解奈何乃从他县夺人邑中贤大夫权乎！"乃夜去，不使人知，（〇）【眉批】吴云：何以夜见下乃恍然，一字何可轻著。【眉批】吴云："夜见"、"夜去"照应。曰："且无用待我，待我去，令雒阳豪居其间，乃听之。"吴云：此节应"振人之命，不伐其功"。解执恭敬，不敢乘车（〇）【眉批】薇山云：名声愈益高，其举动必尊大倨傲。然挚恭敬不乘车，愈益写其非常。入其县廷。之旁郡国，为人请求事，事可出，出之；不可者，各厌其意，然后乃敢尝酒食。【眉批】吴云：又入议论一段。以通应前后，议论不烦。序事则不板，段落疏密之妙。诸公以

故严重之，争为用。邑中少年及旁近县贤豪，夜半过门常十余车，请得解客舍养之。|【眉批】吴云：请解客妙，爱其人，及屋乌也。及徙豪富茂陵也，解家贫，不中訾，吏恐，不敢不徙。卫将军为言：【眉批】薇山云：又借卫将军，及主上反衬。"郭解家贫不中徙。"上曰：吴云：点。"布衣权至使将军为言，此其家不贫。"解家遂徙。诸公送者出千余万。【眉批】吴云：千余万送者，所资助也。

轵人杨季主子为县掾，举徙解。解兄子断杨掾头。由此杨氏与郭氏为仇。吴云：一点姑置之。解入关，<u>关中贤豪知与不知，闻其声，争交欢解</u>。(〇)【眉批】吴云：解入关后事。以后忙不及序，故插入于此。并重出解为人，通篇警策，此行文变化之妙。解为人短小，不饮酒，【眉批】吴云：短小，不饮酒，重序，何也？盖曰：再思其人，形性亦犹是耳。何以得此于天下哉？即状貌不及中人之意。【眉批】薇山云：为人短小，又赞曰状貌云云，呼应起手以术取宰相卿大夫，而反映意气骄傲，扬扬得色者，尤妙。出未尝有骑。已又杀杨季主。吴云：间接。杨季主家上书，人又杀之阙下。吴云：不言上书，竟言杀上书人。变法。上闻，乃下吏捕解。解亡，置其母家室夏阳，身至临晋。吴云：此节应"卒发于睚眦如故"。临晋籍少公素不知解，解冒，因求出关。吴云：应"知与不知闻其声，争交驩"。籍少公已出解，解转入太原，所过辄告主人家。吏逐之，迹至籍少公。少公【眉批】吴云：冒，冒昧也。两句写得好妙。<u>自杀，口绝</u>。(〇)久之，乃得解。穷治所犯，为解所杀，皆在赦前。【眉批】吴云：此亦穷治中之一事，盖赦后事也，故遂以杀解。轵有儒生侍使者坐，客誉郭解，【眉批】吴云：儒与侠不相容，为儒侠余波。生曰："郭解专以奸犯公法，何谓贤！"解客闻，杀此生，断其舌。吴云：应"少年辄为报仇，不使知也"。吏以此责解，解实不知杀者。杀者亦竟绝，莫知为谁。吏奏解无罪。【眉批】吴云：叠三句，以见再四穷治推敲，终莫能得也。御史大夫公孙弘议（◎）曰："解布衣为任侠行权，吴云：完布衣之侠。以睚眦杀人，解虽弗知，此罪甚于解杀之。当大逆无道。"【眉批】吴云：解死罪甚多，此则不知不坐也。公孙弘未免文深，通篇是侠以武犯禁，此则儒以文乱法也。遂族郭解翁伯。（◎）【眉批】薇山云：又引儒生，遂引公孙弘议，儒以文乱法，杀非常之人郭解翁伯，是史公满腔热血之所注。自是之后，为侠者极众，敖而无足数者。吴云：传其名，并传其字，足见名之显也。然关中长安樊仲子，槐里赵王孙，长陵高公子，西河郭公仲，太原卤公孺，临淮兒长卿，东阳田君孺，【眉批】吴云：前于传外，列如许人，此又于传外，列如许人。作两处安顿，为照应衬贴，正不觉其繁。虽为侠而逡逡有退让君子之风。（、）吴云：所云廉洁退让有足称者也。【眉批】吴云：又挽合传中第一人，虎豹之尾，可以绕额，此之谓乎？至若北道姚氏，西道诸杜，南道仇景，东道赵他、羽公子，南阳赵调之徒，此盗跖居民间者耳，曷足道哉！（、）薇山云：抑。此乃乡者朱家之羞也。（、）薇山云：扬。【眉批】吴云：所云豪暴侵凌，恣欲自快，游侠亦丑之者也。

【眉批】节斋云：此赞言解状貌不及中人，中段言其名声盛，末段以谚语收状貌声名，使之不觉奇。太史公曰：吾视郭解，状貌（◎）不及中人，言语不足采者。｜然天下无贤与不肖，知与不知，皆慕其声，言侠者皆引以为名。（○）｜【眉批】吴云：名声是一篇主意，游侠大抵皆好名之人也。【眉批】吴云：独赞郭解，不及四人，想为史公心重。谚曰："人貌（◎）荣名，（◎）岂有既乎！"于戏，惜哉！【眉批】吴云：言名为游侠所窃，宁有定准乎，所以深惜之，所以深贬之也。

【总评】吴齐贤云：吾读班氏《汉书》，有曰：史公进奸雄。而不觉为之三叹也。夫太史公传游侠，虽借儒形侠，而首即特书曰：学士多称于世云。则其立言之旨为何如哉？即有抑扬激昂之论，亦自舒吾感愤不平之气而已。夫固所谓反言之，激言之者也，奈何操戈论出，遂令后世不善读书者，守之而不化乎。

又云：篇中先以儒侠相提而论，层层回环，步步转折，曲尽其妙。后乃出二传，反若借以为印证为注解。而篇章之妙，此又一奇也。

又云：两传俱于空写，即朱家有季布一事，亦作花香月影，在有无之中。而郭解一传，方用全力。此虚实相生，疏密相间之妙也。

西藏山云：儒者公孙弘，曲学阿世，取卿相之位者也。齐人辕固既已看破其奸。史公此篇亦假侠痛骂儒者公孙弘之徒也。以文论之，儒客侠主。以意说之，儒主侠客。史公之意，非叙以武犯禁者，而反在写以文乱法者。以武犯禁者，得族杀之罪，而以文乱法者，取卿相之荣。叙至公孙弘议，乃所谓以文乱法者，是史公满腹精神之所注。故郭解之死也书其字，而叹惜之，知其所叹惜，则知其所痛骂矣。史公进奸雄等之诸说，似痴人说梦。

史记十传纂评卷之九　毕

史记十传纂评卷之十

滑稽

【眉批】节斋云：此序二段。滑稽传，叙以夫子论六经说起，是史公滑稽，太奇，太奇！孔子曰："六艺于治一（〇）也。《礼》以节人，《乐》以发和，《书》以导事，《诗》以达意，《易》以神化，《春秋》以道义。"|【眉批】吴云：滑稽传，以庄语起。太史公曰：天道恢恢，岂不大哉！谈言微中，亦可以解纷。（〇）|【眉批】吴云：轻轻点次，是唐人传奇之祖。【眉批】薇山云：落语家升高坐，剪烛、拭鼻、吞汤、顿首恭敬，行殷勤之礼。然后咳一咳。说出释迦、孔子之法言，论出唐土、天竺之形势，是其常态也。其剪烛、拭鼻之态，吞汤、行礼之状，既解人颐。正襟端坐，及说出释迦、孔子之论，唐土、天竺之势，使人抱腹绝倒不堪，善学史公之文。

淳于髡者，齐之赘婿也。长不满七尺，滑稽多辩，数使诸侯，未尝屈辱。吴云：一总虚序。齐威王之时喜隐，（、）薇山云：二句纲。好为淫乐长夜之饮，沈湎不治，（〇）委政卿大夫。【眉批】吴云：省即墨、阿大夫名，是淳于传中体。百官荒乱，诸侯并侵，国且危亡，在于旦暮，左右莫敢谏。淳于髡说之以隐（、）曰："国中有大鸟，止王之庭，三年不蜚又不鸣，吴云：用韵。王知此鸟何也？"王曰："此鸟不飞则已，一飞冲天；不鸣则已，一鸣惊人。"于是乃朝（、）诸县令长七十二人，赏一人，诛一人，奋兵而出。诸侯振惊，（、）【眉批】薇山云：一鸣使诸侯振惊。皆还齐侵地。威行三十六年。语在《田完世家》中。|

威王八年，楚大发兵加齐。齐王使淳于髡之赵请救兵，赍金百斤，（、）车马十驷。（、）淳于髡仰天大笑，冠缨索绝。（〇）【眉批】吴云：加四字，无关于大笑，而大笑之神情俱现。王曰："先生少之乎？"髡曰："何敢！"（〇）王曰："笑岂有说乎？"髡曰："今者臣从东方来，见道旁有穰田者，操一（、）豚蹄，酒一（、）盂，而祝曰：
'瓯窭满篝，汙邪满车，五（、）穀蕃熟，穰穰满家。'【眉批】吴云：
用韵，首句二字一韵，尤古奥。臣见其所持者狭而所欲者奢，故笑之。"
于是齐威王（〇）【眉批】薇山云：喜隐，故能解隐。乃益赍黄金千镒
（溢），（、）白璧十双，（、）车马百驷。髡辞而行，至赵。赵王与之
精兵十万，（、）革车千乘。（、）楚闻之，夜引兵而去。｜【眉批】薇
山云：百斤、十驷、一豚、一盂、五穀、千镒、十双、百驷、十万、千乘、大发
兵、大笑、先生少之乎等，楚楚为文。【眉批】薇山云：一笑能使强楚引兵而去。
【眉批】吴云：一路皆以劈空奇论成文。威王大说，置酒（、）后宫，召髡
赐之酒。（、）问曰："先生能饮（〇）几何而醉？"（〇）【眉批】薇
山云：置酒、赐之酒、先生能饮，过接无痕。【眉批】薇山云：隐语愈出愈妙。
对曰："臣饮（〇）一斗（、）亦醉，（〇）一石（、）亦醉。"（〇）威
王曰："先生饮（〇）一斗（、）而醉，恶能饮（〇）一石（、）哉！其
说可得闻乎？"髡曰："赐酒大王之前，执法在傍，御史在后，【眉批】
薇山云：提纲举目，法度严正。法度严正之处使人笑。【眉批】薇山云：进入佳
境。髡恐惧俯伏而饮，不过一斗径（、）醉（〇）矣。（、）若亲有严
客，髡帣韝鞠䞐，侍酒于前，时赐余沥，奉觞上寿，数起，饮不过二
斗径（、）醉（〇）矣。（、）若朋友交游，久不相见，卒然相睹，欢
然道故，私情相语，饮可五六斗径醉矣。若乃州闾之会，男女杂坐，
行酒稽留，六博投壶，相引为曹，握手无罚，目眙不禁，前有堕珥，
后有遗簪，髡窃（、）乐（〇）此，饮可八斗而（、）醉（〇）二参。
日暮酒阑，合尊促坐，男女同席，履舄交错，杯盘狼藉，堂上烛灭，
主人留髡而送客，罗襦襟解，微闻芗泽，当此之时，髡心最欢，（〇）
能（、）饮（〇）一石。（、）故曰酒极则乱，乐极则悲；万事尽然，
言不可极，极之而衰。"以讽谏焉。（〇）【眉批】吴云：逐节递入，如落
花流水，溶溶漾漾。而中间有用韵者，有不用韵者，字句之妙，情事之妙，清

新俊逸，赋手赋心。【眉批】薇山云：三层同句法，四层五层变句法，六层入主意，是亦惜不发文法。齐王曰："善。"乃罢长夜之饮，以髡为诸侯主客。【眉批】薇山云：一饮，能罢长夜之饮。宗室置酒，髡尝在侧。

其后百余年，楚有优孟。（、）【眉批】吴云：乃用韵语住。

优孟者，故楚之乐人也。长八尺，多辩，常以谈笑讽谏。【眉批】吴云：亦总虚序一句。【眉批】薇山云：应长不满六尺，以讽谏接续前后。楚庄王之时，有所爱马，衣以（、）文绣，置之华屋之下，席以（、）露床，啖以（、）枣脯。马病肥死，使群臣丧之，欲以（、）棺椁大夫礼葬（、）之。左右争之，以为不可。王下令曰："有敢以马谏者，罪至死。"【眉批】吴云：岂真有此事。聊为优孟作衬耳。优孟闻之，入殿门。仰天大哭。（〇）【眉批】吴云：淳于、优孟，一笑一哭。【眉批】薇山云：以谈笑讽谏者，今仰天大哭，与前段仰天大笑相反，奇极妙极。王惊而问其故。优孟曰："马者，王之所爱也，以楚国堂堂之大，何求不得，而以大夫礼葬（、）之，薄，（、）请以人君礼葬（、）之。"【眉批】薇山云：仰天大哭，其行出人意表。以大夫礼葬之薄，其言愈出意表。王曰："何如？"对曰："臣请以雕玉为棺，文梓为椁，楩枫豫章为题凑，发甲卒为穿圹，老弱负土，齐赵陪位于前，韩魏翼卫其后，庙食太牢，奉以万户之邑。诸侯闻之，皆知大王贱人而贵马也。"（〇）【眉批】薇山云：谏长夜饮，自谐谑入主意，主意正论也。此处谏葬马，自正论入主意，主意谐谑也，可观章法之变矣。王曰："寡人之过一至此乎！为之奈何？"优孟曰："请为大王六畜葬（、）之。以（、）垅灶为椁，铜历为棺，赍以（、）姜枣，荐以（、）木兰，祭以（、）粳稻，衣以（、）火光，葬之于人腹肠。"【眉批】吴云：与淳于饮酒一样句法。【眉批】薇山云：以文绣、以露床、以枣脯、以大夫礼。此处累"以"字结之，照应之妙。于是王乃使以马属太官，无令天下久闻也。

楚相孙叔敖知其贤人也，善待之。【眉批】薇山云：知其贤人也，此句上下关键。病且死，属其子曰："我死，汝必贫困。若往见优孟，言我孙叔敖之子也。"(、)【眉批】吴云："言我"句，更增色泽，只如此住。妙！居数年，其子穷困负薪，逢优孟，与言曰："我，孙叔敖之子也。"(、)【眉批】吴云：与前一字不换，略一颠倒，便成两样。【眉批】薇山云：穷困负薪，与衣冠谈语相对。父且死时，属我贫困往见优孟。"优孟曰："若无远有所之。"即为孙叔敖衣冠，抵掌谈语。岁余，像孙叔敖，楚王及左右不能别也。(○)【眉批】吴云：写得有意无意，说来恰好。他人未免梦中寻梦耳。庄王置酒，优孟前为寿。庄王大惊，以为孙叔敖复生也，(○)欲以为相。【眉批】吴云：欲以为相，亦有若为师之意。总是寓意，何劳聚讼？【眉批】薇山云："孙叔敖之子"、"孙叔敖衣冠"、"像孙叔敖"、"孙叔敖复生"、"孙叔敖之为楚相"、"如孙叔敖"、"孙叔敖持廉"、"召孙叔敖子"云云，重累无数"孙叔敖"字为姿。优孟曰："请归与妇计之，三日而为相。"庄王许之。三日后，优孟复来。王曰："妇言谓何？"孟曰："妇言慎无为，楚相不足为也。(、)如孙叔敖之为楚相，尽忠为廉以治楚，楚王得以霸。今死，其子无立锥之地，贫困负薪(○)以自饮食。必如孙叔敖，不如自杀。"【眉批】吴云：忽而为相，忽而自杀，忽而作歌，无伦无次，是优孟口角。因歌曰："山居耕田苦，难以得食。起而为吏，身贪鄙者余财，不顾耻辱。【眉批】吴云：起句言农不可为，起而为吏，乃一行作吏，其苦更甚也。身死家室富，又恐受赇枉法，为奸触大罪，身死而家灭。贪吏安可为也！(、)念为廉吏，奉法守职，竟死不敢为非。廉吏安可为也！(、)楚相孙叔敖持廉至死，方今妻子穷困负薪而食，不足为也！"【眉批】薇山云：二不足为也，二安可为也，又贪吏与廉吏相对。【眉批】吴云：歌凡四层，一层言农，一层言贪吏，一层言廉吏，一层方入孙叔敖。于是庄王谢优孟，乃召孙叔敖子，封之寝丘四百户，以奉其祀。【眉批】薇山云：衣冠像孙叔敖，应长八尺，借妇言，则多辨之处。歌则应乐人，言时则应贤人收之。后十世不绝。此知可以言时矣。

其后二百余年，秦有优旃。(、)【眉批】吴云：亦虚序一笔，三传相配而起。

优旃者，秦倡侏儒也。【眉批】薇山云：三人一赘婿、一乐人、一倡侏儒，已奇；其为人一长二短，亦奇。善为笑言，然合于大道。秦始皇时，置酒而天雨，陛楯者皆沾寒。优旃见而哀之，谓之曰："汝欲休乎？"陛楯者皆曰："幸甚。"优旃曰："我即呼汝，汝疾应曰诺。"居有顷，殿上上寿呼万岁。优旃临槛大呼曰："陛楯郎！"郎曰："诺。"(○)【眉批】吴云：两呼相应，借此作态。【眉批】薇山云：写得如闻其大呼唯诺之声。优旃曰："汝虽长，何益，幸雨立。我虽短也，幸休居。"(○)【眉批】薇山云：以长短为波，自倡侏儒来。于是始皇使陛楯者得半相代。始皇尝议欲大苑囿，东至函谷关，西至雍、陈仓。优旃曰："善。多纵禽兽于其中，寇从东方来，令麋鹿触之足矣。"始皇以故辍止。(○)【眉批】薇山云：一以禽兽麋鹿为波，一以难易为波。【眉批】吴云：言之解颐。【眉批】薇山云：柳子厚小品文，称古今独步，盖取蓝本于此等轻妙之处乎。

二世立，又欲漆其城。优旃曰："善。主上虽无言，臣固将请之。漆城虽于百姓愁费，然佳哉！漆城荡荡，寇来不能上。即欲就之，易为漆耳，(、)顾难为荫室。"(○)【眉批】吴云：此所谓微言也。于是二世笑之，以其故止。居无何，二世杀死，优旃归汉，数年而卒。

太史公曰：淳于髡仰天大笑，(○)齐威王横行。优孟摇头(○)而歌，负薪者以封。优旃临槛疾呼，(○)陛楯得以半更。岂不亦伟哉！【眉批】吴云：赞语亦用韵。

【总评】吴齐贤云：史公一书，上下千古。三代之礼乐，刘项之战争，以至律历、天官、文词、事业，无所不有。乃忽而撰出一调笑嬉戏之文，但见其齿牙伶俐，口角香艳，清新俊逸，别用一种笔意，亦取其意思所在而已。正不必论其事之有无也，而已开唐人小说传奇之祖矣。

又云：淳于髡一段，绝用赋笔，句法奇秀。而优孟学孙叔敖一段，亦有姗姗来迟之致，读之令人击节。

西藏山云：叙论以孔圣语起，太郑重，其重如九鼎大吕。论赞极轻妙，其轻如毛邦彦曰：提灯与钟，妙在轻重不伦。是史公一篇滑稽之文。

史记十传纂评卷之十　毕

书《史记十传纂评》后

文必实乎？漆园之书，用虚以翻弄宇宙间。寿夭得丧洪纤怪短之理趣，如波其虚矣。文必虚乎？龙门之史用实以写出三千年有人物风土，治乱兴废之迹。如此期活矣，故文之灵活，不必在实，不必在虚，运用之妙，则自在焉。盖尝以谓用虚者宜乎。持一橸柄细绎而敷衍之。为鹏为鲲，为蜩为莺鸠，为大瓢大樗。野马罔两魍魉，不勉乎，混混乎。不尽矣，犹有源之水，屈折万状，而孤理一线也。用实者，要必有主，叙而老映右带，事愈多而神愈聚于一处，则喑哑叱咤，慷慨悲愤，宠贵憔悴。佞幸媚妩清晰之状。模写成而神采涌于纸上矣。犹描山水，必定主景，而全幅精神注射于此也。然而用虚者，灵不甚难，用实者，动易板，则龙门其文居难欤。世评马班二史，或言马之疏伪，不如班之详密。是则盖视诸画论曰：画图而精神不聚者，虽笔密乎，虽体具乎，非逸众也，可以判二史矣。呜呼！虚也，实也，疏密也，运用之妙何在？今且录之芳本君所编《史记十传纂评》后，先问世用实人。

明治十七年十二月中澣
警轩　阪田丈　撰
素堂　小山慎吾　书